KB273309

예수원 이야기

믿음이란
한 알의 밀알이 땅에 떨어져 죽음으로 많은 열매를 맺음과 같이
진리의 열매를 위하여 스스로 죽는 것을 뜻합니다.
눈으로 볼 수는 없으나 영원히 살아 있는 진리와
목숨을 맞바꾸는 자들을 우리는 믿는 이라고 부릅니다.
「믿음의 글들」은 평생, 혹은 가장 귀한 순간에
진리를 위하여 죽거나 죽기를 결단하는
참 믿는 이들의, 참 믿는 이들을 위한, 참 믿음의 글들입니다.

예수원 이야기

광야에 마련된 식탁

현재인 Jane Grey Torrey 지음 • 양혜원 옮김

홍성사

차 례

* 본문 중 16, 21, 93, 123, 142, 171, 246, 285쪽 사진 : 이남수

1
이제 광야로 가야 한다

"그뿐 아니라 하나님을 대적하여 말하기를 하나님이 광야에서 능히 식탁을 베푸실 수 있으랴?"(시편 78:19)

한국의 어느 산 속, 숲이 울창한 계곡에 파묻혀 있는 색다른 곳 '예수원'을 찾아오려면 꼬불꼬불한 산길을 따라 한참을 여행한 후 가파른 언덕을 올라와야 한다. 이 예수원은 어떻게 생기게 되었을까?

아처(Reuben Archer Torrey Ⅲ, 대천덕)와 나는 서울에 있는 신학교에서 7년 가깝게 일했다. 그러던 어느 날 우리는 동시에 같은 결론을 내리게 되었다.

"책만 가지고 신학을 가르치는 것보다 더 나은 방법이 분명히 있을 거야.”

그 때 아처는 캐나다에서 열린 회의에 참석중이었고, 나는 한국에 있었다. 우리는 서로의 생각을 몰랐지만 하나님은 우리 두 사람에게 동일하게 말씀하고 계셨다.

아처가 영국에서 상까지 받았던 교과과정이 이곳 학생들에게는 별 감흥을 주지 못했다. 그 논문의 제목은 ‘그리스도인의 삶에 있는 세 가지 실험실’(*The Three Laboratories of the Christian Life*)이었다. 그 세 가지 실험실이란 첫째로 그리스도인과 하나님의 관계, 둘째로 그리스도인과 동료 그리스도인의 관계, 셋째로 그리스도인과 세상의 관계를 가리키는 말이다. 이 세 가지 실험실은 책과 실제적인 적용을 통해서 가르치게 되어 있었다. 즉 성령님을 받아들이고, 기독교 공동체에서 살며, 하나님을 믿지 않는 세상과 그분의 보배를 나누는 것이다. 그러나 결국 우리는 학생들이 이와는 다른 목표를 가지고 있으며 우리가 헛수고를 하고 있다는 것을 깨달았다.

그렇다면 우리가 새롭게 시작해야 하는 일은 어떤 일일까? 나는 교회가 한 번도 개척되지 않은 자그마한 시골 마을로 들어가 바닥부터 시작해야 한다고 생각했다. 거기서 교회를 개척하되, 우리가 신학교를 통해 얻은 경험과 신학교가 있던 동네에서 교회를 개척하며 배운 것들을 토대로 우리의 사역을 발전시켜야 한다는 생각이었다. 그러나 아처의 생각은 좀 더 상상력이 풍부하고 영감 있는 것이었다. 나는 하나님이 그에게 말씀하고 계시다는 것을 깨달았다. 아처의 주장은 도시로부터 멀리 떨어져 있는 광야로 나가서 농장을 개발하고 기독교 공동체를 만들어, 신학교에서 말로만 했던 실험실을 직접 이루어야 한다는 것이었다.

"왜 우리가 한 번도 가 본 적이 없는 광야로 나가야 하지요?"

나의 물음에 아처는 지체 없이 대답했다.

"도시에 살고 있는 우리 친구들에겐 도시의 소음과 열기를 떠나 산 속의 상쾌함을 누릴 수 있는 곳이 필요할 거야. 또 산은 땅값이 싸니까, 우리가 그것을 사서 가파른 언덕의 일부라도 계단식으로 만들어 생산적인 땅으로 일구어 놓으면 농부들도 힘을 얻어 언덕배기의 쓸모없는 땅들을 사용할 수 있을 거고. 그뿐 아니라 찾아오기 힘든 곳에 자리를 잡고 있으면 정말 목적이 있는 사람만 거기까지 찾아올 것이고, 일단 찾아온 사람은 한동안은 머물 수밖에 없지. 게다가 그런 곳이 아니라면 도대체 어디에서 당신이 그렇게 그림 그리기 좋은 경치를 얻을 수 있겠어?"

"그렇게 외딴 곳까지 찾아올 사람이 과연 있을까요?"

"우리에게 필요한 사람들과 우리가 도울 수 있는 사람들을 하나님께서 보내 주실 거야. 적합한 사람들을 보내 주시고 그렇지 않은 사람들은 떠나게 해주시도록 성령님을 의지해야지. 어떤 사람이라도 이 일을 돕고 규칙을 지킬 마음만 있다면 다 받아들일 작정이야."

처음에는 아무도 찾아오지 않을까 봐 걱정이 되었는데, 이 말을 듣고 보니 이제는 너무 많은 사람들이 찾아올까 봐 걱정이 되었다.

"도대체 왜 우리가 공동체로 살아야 하지요?"

나는 내가 혼자서 생각하고 그림 그리고 기도하는 것을 무척 좋

"왜 우리가 공동체로 살아야 하지요?" 나는 내가 혼자서 생각하고 그림 그리고 기도하는 것을 무척 좋아한다는 사실을 생각하면서 이렇게 물었다. —그림을 그리고 있는 현재인. 1946년.

아한다는 사실을 생각하면서 이렇게 물었다.

"같은 생각을 가진 사람들과 함께 살면서 우리의 노동과 물질과 기도를 함께 나누면 하나님을 위해 아주 큰 불을 일으킬 수 있기 때문이지. 지금 우리가 세계의 평화와 한국 교회를 위해, 또 우리의 개인적인 필요와 다른 사람들의 필요를 위해 드리는 기도를 여러 사람과 함께 드리게 되면, 우리는 더 큰 통로가 될 수 있을 거야. 그러면 우리의 기도는 더 잘 상달될 뿐 아니라 더 많은 응답을 받게 되겠지. 게다가 당신은 집안 일을 도와 줄 사람이 필요하잖아. 그래야 그림을 그릴 수 있으니까."

"그런 일을 할 돈은 어떻게 구하고요?"

"세상의 모든 돈을 가지고 계신 하나님께서 우리의 필요를 아시고 돈을 보내 주실 거야. 하나님의 뜻을 분별하기 위해 우리가 적용할 수 있는 원칙이 하나 있어. 만약 어떤 일을 하고 싶은 마음도 있고 돈도 있을 때는 그 일을 하는 것이 하나님의 뜻이지. 하지만 돈이 생기지 않으면 뒤로 물러서서 다시 그분의 뜻을 구하는 거야. 하나님께서는 우리가 이 일을 시작할 수 있도록 사람들을 일으켜 주실 거야. 하지만 그 사람들이 이후에도 계속 후원해 줄 것을 기대하면서, 그저 기도만 하고 있을 생각을 해서는 안 되지. 우리는 기도할 특권을 얻기 위해 일할 준비를 하고 있어야 해. 농업, 낙농업, 통조림 제조업, 경공업, 공예 등과 같은 자급자족 프로젝트를 개발할 수 있을 거야. 당신이 할 수 있는 자급자족 프로젝트는 그림이겠지. 당신은 항상 그림 그릴 수 있는 구실을 원했잖아?"

나는 조금씩 설득되었고, 우리를 인도하시는 하나님께서 끝까지 우리를 지키시리라는 것을 깨닫게 되었다.

안식년을 불과 몇 개월 앞두고 있던 그즈음, 나는 성 미가엘 신학원에서 내가 맡고 있던 일을 마무리하고 새로운 사업을 준비하느라 바쁜 시간을 보내고 있었다. 이러한 일이 있기 얼마 전, 나는 하나님께 영적인 은사를 달라고 기도했다. 그런데 하나님께서는 놀라운 대답을 주셨다.

"내가 이미 준 일상적인 은사도 사용하지 않고 있는데, 왜 영적인 은사를 네게 주어야 하느냐?"

나는 멈칫했다. 그것은 사실이었다. 이런저런 핑계로 그림을 그리지 않은 지 이미 여러 해가 지났던 것이다. 나는 대답했다.

"하나님께서 그림 그릴 시간을 낼 방법을 보여 주시면 다시 그리겠습니다."

아주 이상하게도 그때부터 갑자기 할 일도 없고 바쁘지도 않은 날들이 이어졌다. 나는 한국 풍경화 여섯 점을 그려 미국으로 가져갈 수 있었다.

예전에 렘브란트의 그림으로 가득 찬 성경을 한 권 받은 적이 있었는데, 그 그림들 중에는 내가 본 것 중 가장 감동적인 예수님의 초상화가 있었다. 나는 그 그림을 모사(模寫)하고 싶었다. 다른 그림들처럼 팔거나 누구에게 주기 위해서가 아니라, 오직 하나님의 인도와 지원만을 믿고 시작하는 이 새로운 일의 징표로 간직하고 싶어서였다. 그러나 렘브란트의 그림에 나타난 예수님의 진지한 표정과

"주님, 오직 당신만이 하실 수 있습니다!"
– '예수님의 초상'. 현재인 그림.

열정을 포착하고, 그 그림에서 내가 보았던 영원한 의미를 복제하기란 쉬운 일이 아니었다. 이 그림을 그리는 여러 날 동안 나는 기도했다.

"주님, 이 그림에 당신의 손길을 더해 주옵소서. 제게는 제대로 그릴 능력이 없습니다. 오직 당신만이 하실 수 있습니다."

그것은 일종의 투쟁이었다. 그러나 마침내 만족할 만한 그림이 완성되었고, 나는 하나님께 감사를 드렸다. 이 기도야말로 새로운 일을 시작하는 우리가 계속 드려야 할 기도였다.

"주님, 오직 당신만이 하실 수 있습니다!"

"여호와께서 집을 세우지 아니하시면 세우는 자의 수고가 헛되며"(시 127:1상).

"너는 마음을 다하여 여호와를 신뢰하고 네 명철을 의지하지 말라. 너는 범사에 그를 인정하라. 그리하면 네 길을 지도하시리라"(잠 3:5-6).

2

준비

1964년 7월, 우리 부부는 성 미가엘 신학원에 있는 친구들에게 작별 인사를 하고 안식년을 보내기 위해 미국으로 떠났다. 열세 살 된 아들 벤(Ben)과 한 살 된 딸 옌시(Yancey)가 우리와 동행했다. 미국에서 우리는 새로운 프로젝트를 시작하려는 계획을 사람들에게 알렸다. 그리스도인들이 한 집에서 같이 살 것이기 때문에 우리는 우리의 집을 '수도원'(Abbey)이라고 불렀고, 그 집의 주인이 누구냐에 대해 논쟁이 생기기를 원치 않았기 때문에 '예수원'(Jesus Abbey)이라고 이름 붙였다.

우리의 계획을 들은 사람들은 놀라운 표정을 감추지 못한 채 이런저런 질문을 해왔다. 그것은 내가 아처에게 물었던 것과 비슷한 질문들이었다. 그러나 이번에는 하나님께서 남편에게 주셨던 것과

우리는 이 집의 주인이 누구냐에 대해 논쟁이 생기기
를 원치 않았기 때문에 '예수원'이라고 이름 붙였다.
―예수원 입구.

같은 확신을 내게도 주셨기 때문에 믿음을 가지고 담대하게 대답할 수 있었다.

"하나님이 우리를 이 길로 인도하고 계십니다!"

안식년에 우리가 처음 머문 곳은 시애틀에 있는 성 누가 교회였다. 그곳에서 '아다 아주머니'라고 불리는 한 사랑스러운 여성이 나를 위해 뜨겁게 기도해 주었는데, 내가 미국에 머무는 동안 푸른 초장에 눕게 해달라는 말을 계속 반복했다. 나는 그 말의 의미가 궁금해지기 시작했다. 성 누가 교회에서 우리가 나눈 성령의 놀라운 교제는 참으로 내게 '푸른 초장'임이 틀림없었다. 하지만 미국 반대편에 있는 내 고향 교회 친구들과도 이런 교제를 누릴 수 있으리라고는 기대할 수 없었다.

그런데 우리가 아는 대부분의 사람들이 장로교 교인이거나 성공회 교인인 내 고향에 갔을 때, 신기하게도 한 오순절 교회가 아처에게 강의를 부탁해 왔다. 강의하기로 한 주일 저녁, 우리는 가족들 몰래 집에서 빠져나왔다. 우리가 그런 곳에 가는 것을 좋아하지 않을 것 같았기 때문이다. 우리는 그 교회에서 놀라운 시간을 가졌다. 그 교회의 여성 설교자는 아처에게 사흘을 연속해서 더 강의해 달라고 부탁했고, 당황스럽게도 그 사실을 라디오를 통해 알렸을 뿐 아니라 신문에 광고까지 냈다!

내 아버지는 장로 교회의 장로였기 때문에 이런 일을 달가워하시지 않을 것이라고 생각했다. 그런데 기쁘게도 아버지는 가르라는 이름의 그 여성 설교자를 존경한다고 말씀하셨다. 알고 보니 가르 가족은 대공황 기간이었던 수년 전에 그 군의 복지국장이었던 아버지에게 큰 도움을 준 사람들이었다. 아버지의 기대치 않았던 반응을 보고 기뻐하던 참에 전화가 왔다. 전화 건 이는 아처의 옛 친구였는데, 여러 해 동안 만나지 못했을 뿐 아니라 소식조차 듣지 못했던 사람이었다. 그 친구는 한 장로 교회 장로의 아내이기도 했다. 그녀는 라디오에서 광고 방송을 듣고 전화했다고 하면서, 자기 집에서 열리는 기도 모임에 와 달라고 부탁했다. 그녀는 아처가 가르 장막 교회에서 사역하고 있다면 분명히 자신처럼 '일부 열광적인' 성령 충만한 사람이리라고 확신했던 것이다.

거기서 우리는 20명의 부인들과 함께 베란다에 앉아서 하나님을 찬양하며 충만한 기쁨을 누렸다. 나는 마치 꿈을 꾸고 있는 것 같았다. 이것이 정말 사실일까? 이 사람들은 내가 대학에서 알던 사람들, 심지어 고등학교 때부터 알던 사람들인데, 지금은 성령의 능력으로 변화되어 새로운 피조물이 되어 있었다. 그러면서도 이들은 여전히 장로교인이었고 감리교인이었으며 성공회 교인들이었다. 우리는 그날 하나님의 부요함을 많이 나누었고, 이것은 우리가 미국에서 보낸 그 해 내내 계속되었던, 풍요롭고 능력 있고 기쁨으로 가득 찬 기도 모임의 시작이었다. 그 기도 모임을 통해 우리는 영감을 얻었고, 위로를 받았으며, 주님 안에서 서로를 세워 주었다(고전 14:3). 그것은 진정 '푸른 초장'이었다!

이들은 예수원 사역을 이해하는 사람들이었다. 이들은 우리가 왜 한국의 산 속에 가서 하나님의 부요함을 자유롭게 선포하도록 부름

받았다고 생각하는지를 알았다. 기도와 헌금을 통해 우리가 이 사역을 진행하도록 격려해 준 사람들도 바로 이들이었다. 이들 중에는 우리에게 주식을 준 사람도 있었는데, 그것은 현금으로 수천 달러에 이르는 액수였다. 또 한 사람은 예수원을 지을 수 있는 땅을 사 주겠다고 했다. 이처럼 하나님은 우리가 그의 나라를 먼저 구할 때 그가 직접 재정을 마련해 준다는 것을 확인해 주셨다.

아처와 벤은 4월에 한국으로 돌아가 예수원을 시작할 수 있는 자리를 물색하기 시작했다(옌시와 나는 여름에 돌아갈 예정이었다). 아처는 몇몇 조건들을 마음에 두고, 강릉 북부와 속초부터 시작해서 제주도에 이르기까지 외지고 경치가 좋은 여러 장소들을 직접 찾아다녔다. 그가 염두에 두고 있던 조건은 일단 물을 충분히 공급할 수 있을 만큼 세찬 개울이 있어야 하며, 가능하다면 전기 시설이 되어 있고, 도로로 이어지는 길이 있되 도로와 너무 가깝지 않으며, 그림을 그릴 만큼 경치가 아름답고, 수도원을 지을 만한 규모의 평지가 있어야 한다는 것이었다.

미국에 남아 있던 나는 CFO(Camp Farthest Out)라는 기도 수양회에 참석했다. 수양회가 진행되던 어느 오후, 몇 건의 대재난이 발생했다는 소식이 들려 왔다. 나는 다른 두 사람과 함께 세계를 위해 기도하기 위해 방에 모였다. 그 때 앤이 말했다.

"아처 토리를 위해서 기도합시다. 그는 한국에서 예수원을 시작할 장소를 찾고 있어요."

우리는 아처를 위해 기도했는데, 그러는 중에 헬렌이 극심한 두통을 겪었다. 우리는 수양회 프로그램에 참석해야 했기 때문에 도중에 기도를 마쳐야 했다.

저녁 때 다시 기도하기 위해 모였을 때에는 수양회 지도자들도 몇 명 동참했다. 헬렌은 지도자 가운데 한 사람인 토미에게 자신의 두통을 위해 기도해 달라고 부탁하면서, 오후에 아처 토리를 위해 기도하는 도중에 두통이 생겼다고 말했다. 토미는 헬렌의 머리에 손을 얹고 두통을 위해서 기도했으며 아처를 위해서도 기도했다. 그는 예수님이 모든 인류와 하나가 되신 것처럼 아처가 한국 사람들과 하나가 되게 해달라고 기도했다. 나는 이 기도를 듣고 놀랐다. 아처를 모를 뿐 아니라 아처가 가장 좋아하는 주제 중 하나가 바로 성육신의 원리라는 사실을 모르는 토미가 어떻게 저런 기도를 할 수 있을까?

기도 모임이 끝났을 때, 한 부인이 내게 오더니 이렇게 말했.

"토미가 아처를 위해 기도할 때, 불타는 십자가를 지고 언덕을 오르는 아처의 모습을 보았어요. 검은 형상들이 주변에서 그 십자가를 끌어내리려 하고 있었는데, 이 검은 형상들의 이름은 '낙담'이었어요. 하지만 아처는 결국 십자가를 지고 언덕 끝까지 올라갔답니다!"

헬렌의 두통은 사라졌고, 나는 생각했다.

'정말 재미있는걸. 이것은 아처가 오늘 어떤 시험을 겪었는데 결국에는 승리했다는 뜻일까?'

그로부터 열흘 후, 아처에게서 편지가 왔다. 거기에는 5월 10일에 예수원을 시작하기 딱 좋은 장소를 찾았다고 쓰여 있었다. 그날은

"아처는 결국 십자가를 지고 언덕 끝까지 올라갔답니다!"
－예수원 야외 기도처로 가는 길.

우리가 그를 위해 기도했던 날이었다. 아처가 요한과 함께 땅 주인에게 처음 말을 꺼냈을 때는 땅값이 너무 비싸 포기할 생각으로 낙담한 채 황지로 돌아갔다고 했다. 그런데 아무래도 그 자리가 꼭 예수원을 위한 자리 같다는 생각이 들어, 요한이 한 번 더 그 주인을 만나 보기로 했다는 것이다. 버스가 없어서 목재를 나르는 트럭을 얻어 타고 그곳을 찾아간 요한은 주인과 한 번 더 협상을 했다. 그런데 이번에는 땅 주인이 값을 내렸을 뿐 아니라 "토지 소유권이 정리될 때까지 기다릴 필요 없이 지금 즉시 그 땅에 건물을 지어도 좋습니다"라고 말했다는 것이다. 그날이 바로 5월 10일이었다.

우리가 기도드린 장소가 한국으로부터 멀리 떨어진 곳이었고, 우리의 필요가 아주 급박하고도 엄청난 것이었다는 사실은 전혀 문제가 되지 않았다. 하나님은 기꺼이 응답해 주셨다. 그분의 뜻은 얼마나 놀라운가!

"여호와의 눈은 온 땅을 두루 감찰하사 전심으로 자기에게 향하는 자들을 위하여 능력을 베푸시나니"(대하 16:9상).

3

천막을 치다

남편의 개척 정신과 이론을 실천으로 옮기고자 하는 우리의 열망, 하나님을 전적으로 신뢰하라는 그분의 촉구가 절정에 이르렀다. 예수원을 시작할 때가 온 것이다.

땅이 확보되자 아처와 벤은 강원도에서 우리와 함께 6주 간 천막 생활을 하고자 하는 사람들을 모집했다. 우리가 기대하고 있던 여덟 명의 친구들 중에서는 두 명만이 함께 나섰다. 그리고 그 외에 열 명이 더 신청했다. 그 중에는 기독교 공동체라는 것에 흥미를 가진 사람도 있었고, 우리가 무슨 거창한 개발 프로그램을 벌이는 줄 알고 있는 사람도 있었으며, 단순히 호기심으로 동참한 사람도 있었다.

이 소수의 사람들 중에 농업 전문가가 한 명 있었다. 그는 우리가 산비탈을 계단식으로 개간하고 씨를 뿌릴 수 있도록 도와주었다. 또

한 사람은 건축 토건업자였다. 이 일을 시작하는 데 꼭 필요한 사람들을 보내 주시는 하나님의 역사가 참으로 신기했다.

이들은 평지 먼발치 끄트머리에 커다란 군용 천막을 친 다음, 일을 시작했다. 울창한 숲에 길을 내고, 땅을 고르고, 나무를 베고, 산 옆을 삽으로 파고, 강 바닥에서 모래를 퍼내고, 물을 나르고, 돌을 나르고, 양배추를 심었다. 우리와 함께 온 사람 중에 여자는 한 사람밖에 없었는데, 그녀는 산 아래 마을에 방을 하나 얻은 후 매일같이 산에 와서 남자들의 빨래를 해 주었고, 모닥불 위에 커다란 솥을 걸어 식사를 준비해 주었다. 사람들은 큰 돌들을 쌓아 제단을 만들고, 거기에서 매일 아침 예배드리는 일로 하루를 시작했다. 천막과 제단 사이에 캠프파이어를 할 수 있는 자리가 있어서, 남자들은 매일 저녁 불을 피우고 둘러앉아 성경을 읽고 토론했다. 그들은 '어떻게 기독교 공동체로 살 것인가', '한국의 천연 자원을 어떻게 활용할 것인가', '농부, 광부, 어부들에게 어떻게 복음을 전할 것인가' 하는 주제들을 놓고 토론했다.

열다섯 살 된 아들 벤은 이러한 생활에 매료되었다. 아처와 함께 미국에서 돌아오는 나와 엔시를 맞으러 서울에 왔다가 우리 비행기가 하루 연착된다고 하자, 그 하루를 더 기다리지 못하고 예수원으로 서둘러 돌아가 버렸을 정도였다.

지금껏 서울과 황지 사이를 수백 번씩 오갔지만, 1965년 7월 그날의 여행은 나에게 초행길이었다. 두 살짜리 엔시와 나는 그곳이 어떤 곳인지 짐작할 수가 없었다. 그러나 차창으로 스쳐 지나가는 풍경만큼은 눈을 뗄 수 없을 정도로 아름다웠다. 기차는 산과 강을 지나, 아름답지만 검은 먼지로 가득한 탄광촌에 도착했다.

몇몇 형제들이 우리를 마중 나와 길을 안내해 주었다. 우리가 당분간 살 곳은 300불을 주고 산 작은 집으로서 논 건너편에 있었다. 예수원을 짓고 있는 야영지로 거처를 옮길 때까지 엔시와 나를 위해 특별히 마련한 장소였다. 이 집은 온돌방 세 개와 마루와 부엌이 있는 멋진 집으로서, 내가 사용하기 편리하도록 파이프를 통해 물도 끌어들였다. 아처나 다른 식구들은 우편물을 가지러 내려오거나 장을 보러 올 때 이곳에서 하룻밤씩 묵어 가곤 했다.

이 집에 자리를 잡고 며칠이 지난 후, 아처는 예수원을 짓고 있는 현장으로 우리를 데리고 갔다. 그날 마침 15마일의 거리를 타고 갈 버스가 있었던 것은 큰 행운이었다. 남자들이 걸어서 오가던 그 길을 우리는 덜컹거리는 버스를 타고 갔다. 깊은 계곡이 내려다보이는 곳에서 버스가 자기 몸체보다 좁은 다리를 지나갈 때, 나는 무서워서 소리를 질렀다. 하지만 다음 순간, 숨막히도록 아름다운 피재의 풍경에 감탄하느라 위험한 길에 대한 생각은 잊어버리고 말았다.

상사미까지의 10마일은 매우 길게 느껴졌다. 그래서 버스가 고장으로 멈추었을 때, 나는 목적지까지 다 온 줄 알았다. 그러나 목적지까지는 5마일이나 더 남아 있었다. 아처가 엔시를 안은 채로 산비탈을 올라가 커다란 천막이 있는 곳에 도착했을 때는 이미 밤이었다. 정말이지 험한 야영지였지만, 내 주위에 둘러선 남자들의 열정과 희망으로 가득 찬 얼굴들을 보니 감히 낙담할 수가 없었다.

정말이지 험한 곳이었지만, 열정과 희망으로 가득 찬 얼굴들을 보니 감히 낙담할 수가 없었다. —건축중인 예수원. 1965년.

다음날 집의 배치를 보니, 그들은 커다란 바위 위에 집을 지으려 하고 있었다. 남자들이 그 바위를 파내려고 했지만 파면 팔수록 바위가 더 크게 드러났다. 그렇다고 오른쪽으로 터를 옮기자니 집이 들어설 만한 공간이 없었다. 바위 위에 집을 지으면 창고로 쓸 지하 공간이 없어지는 것이었지만 다른 방법이 없었다. 그러나 이것은 하나님의 놀라운 예비하심이었다는 사실이 곧 드러났다!

장마가 지자, 바위에 걸쳐지지 않은 쪽 건물이 6인치나 내려앉았다. 그러나 바위에 걸쳐진 부분은 건재했다. 우리는 이 일을 통해 기초를 더 깊이 파야 한다는 사실을 깨달았고, 나중에 산비탈을 따라 일곱 층으로 집을 짓게 되었을 때, 실제로 기초를 더 깊이 팠다.

야영지에서 보낸 첫날, 등골을 오싹하게 만드는 이야기가 들려 왔다. 며칠 전에 남자 두 명이 우리 야영지를 지나갔는데, 몇 시간 후 경찰이 뒤따라왔다는 것이다. 경찰은 일하고 있던 예수원의 남자들에게 간첩 두 명을 보지 못했느냐고 물었다.

"아까 지나간 그 사람들인 것 같군요. 우리한테 무슨 일을 하느냐고 물어 보지 않고 그냥 지나간 사람은 그들이 처음이니까요!"

남자들이 대답했다. 그 후의 일이 어떻게 되었는지에 대해서는 잘 모르겠다. 하지만 이 일이 야영지에서 일하는 이들의 강건한 영혼에 그다지 영향을 끼치지 않는 것처럼 보였기 때문에, 나 또한 하나님의 도움으로 두려움을 물리치기로 결심했다.

황지로 돌아온 옌시와 나는 추억에 남을 만한 6개월을 보냈다. 그 작은 집은 수리를 많이 해야 했다. 그러나 일단 손을 보고 나니 집

황지로 돌아온 옌시와 나는 추억에 남을 만한 6개월을 보냈
다.―황지에 오기 전, 미국에서 옌시와 함께. 1964년.

형태를 제대로 갖추게 되었고, 이것은 훗날을 위한 좋은 투자가 되었다. 나는 먹을거리와 등유를 사기 위해 작고 빨간 수레에 옌시를 태우고 다니곤 했다. 거리에 나서면 아이들이 줄지어 우리를 따라다녔고, 우리는 길을 다니면서 친구들을 사귀었다. 길 모퉁이에 있는 가게 주인 아주머니뿐 아니라 철물점 아저씨, 우체국 직원, 우리 집에 손님이 밀어닥칠 때 음식을 배달해 주던 중국집 소년도 우리를 아주 친절하게 대해 주었다.

두 살 난 옌시와 옆집에 살던 규만이는 즐거운 시간을 함께 보냈다. 또 남편이 집에 있을 때는 마을 주민들이 우리를 찾아오곤 했다. 주일에는 문곡교회에 나갔는데, 그곳에서 많은 친구들을 사귀었다. 한 십대 아이는 나를 도와 옌시를 돌봐 주기도 했다.

나는 스스로 문제를 '처리하는' 방법을 배워야 했다. 뒷마당에 빨래를 널면 석탄 먼지로 빨래가 새까매졌고, 연탄을 갈 때면 종종 연탄을 떨어뜨려 박살을 내곤 했다. 하나님이 나를 돌보신다는 것을 잊어버리고 있을 때에는 이러한 짜증스런 일들을 견디기가 더 힘들어졌다. 마침내 연탄을 집기 전에 "주 예수님! 이 연탄을 꽉 잡아 주세요"라고 기도했을 때마다 한 번도 예외 없이 연탄을 떨어뜨리지 않았다는 사실을 발견하고는 얼마나 감격했는지!

하나님의 보살핌에 대해 나는 점점 더 많은 것을 배워 나가고 있었다. 하나님은 우리를 인도하셔서 바위 위에 집을 짓게 하셨고, 우리 옆을 지나가는 원수로부터 지켜 주셨으며, 우리가 날마다 필요로 하는 것을 채워 주셨고, 조용히 속삭이는 기도를 들어 주셨다.

4

잔치

그동안 이것저것 보수해 가며 살았던 황지의 작은 집을 이제는 팔아야 했다. 우리는 그 집에 사는 동안 부엌에 수도를 설치했고, 뒤쪽에 욕실을 만들었으며, 지붕을 새로 덮고, 칠을 다시 하고, 바닥도 새로 깔았다. 그러고 나니 그 집을 팔 때는 우리가 살 때보다 더 좋은 값을 받을 수 있었다. 이 사실에 힘을 얻은 나는 이사하는 날, 집을 말끔히 비우고 바닥에 윤이 날 때까지 청소를 했다.

1965년 12월 21일은 옌시와 내가 예수원으로 이사하는 날이었다. 예수원은 이제 더 이상 야영지가 아니라, 1층이 완성된 새집이었다. 예수원이 있는 하사미 마을의 가게 주인 김씨가 우리를 위해 트럭한 대를 세내서 가구와 살림살이들을 실었다. 그는 짐 위에 걸터 앉았고, 옌시와 아처와 나는 운전수와 함께 앞좌석에 앉은 채 한 번 더 꼬불꼬불한 길을 지나고 위험한 다리를 건너 피재의 가파르고 미끄러운 비탈길을 따라 하사미까지 갔다.

우리는 한국의 '애팔래치아 산맥'으로 이사하고 있었다. 아처와 나는 미국의 애팔래치아 산맥을 좋아했다. 아처는 거기서 캠프 상담원으로 20시즌을 일했고, 나는 그곳에 있는 학교에서 1년 동안 가르치면서 아름다운 산의 경치를 즐겨 그렸다. 그랬기 때문에 한국의 산에서 산다는 것은 힘든 일이 아니라, 우리가 가장 좋아하는 일을 할 수 있는 곳에 정착하는 것이었다.

하사미에 도착하자, 60여 명의 남녀노소가 지게를 지고 웃는 얼굴로 우리를 맞아 주었다. 그들은 예수원까지 짐 나르는 것을 도와주러 온 사람들이었다. 마을에 집이라고는 다섯 채밖에 없는데 어디에서 이렇게들 많이 왔을까? 알고 보니 이들은 산골짜기 세 개 너머에 있는 마을과 그 외에 또 다른 세 마을에서 온 사람들이었다. 이것은 기대치도 못한 일이었을 뿐 아니라 우리 가족에게는 과분한 최상의 환영이었다. 우리는 산을 넘어 집으로 갔고, 거기서 형제들(그 당시에는 이들을 '야영자들'이라고 불렀다)에게 또 환영을 받았다. 그들은 달려나와 짐 나르는 일을 도와주었다.

서울에서 와서 남자들에게 밥을 해주고 있던 김리디아는 모두를 위해 전통 한국 음식을 준비했다. 처음에는 밖에서 모닥불을 피우고 밥을 했지만 이제는 새로 지은 부엌에서 식사 준비를 할 수 있었다. 리디아가 준비한 음식은 팥죽이었다.

저녁 식사 때 나는 거칠지만 평온하고 조용한 인상을 가진 한 남자 옆에 앉았는데, 그는 우리의 새 이웃이었다. 그는 베트남 전쟁에 나가 있는 아들 때문에 걱정이 많다고 했다. 매일 정오에 드리는 중보 기도에 그 아들의 이름을 올리겠다는 우리의 말에 그는 적잖이 기뻐하는 눈치였다. 우리는 그의 아들을 보호해 주시고 건강한 몸으로 가족에게 돌아올 수 있게 해달라고 기도했다. 이 젊은이는 우리가 매일 기도했던 다른 젊은이들처럼 무사히 집으로 돌아올 수 있었다.

전체 집의 배치는 산비탈을 따라 일곱 층으로 해 나갈 계획이었다. 맨 아래층 자리에는 천막이 있었고, 맨꼭대기에는 손으로 쪼갠 나무와 돌로 만든 새 집이 있었다. 낮에는 식사, 기도, 빨래, 바느질 등 모든 일을 할 수 있고, 밤에는 남자들이 잘 수 있는 따뜻한 방바닥이 깔린 커다란 다목적 대기도실(지금은 도서실이 되었다)도 있었다. 이 대기도실 한쪽 끝에는 부엌이 있었고, 다른 한쪽에는 제단이 있었다. 이 양쪽 끝 위로는 작은 다락방들이 있었지만, 대기도실 가운데 부분 위로는 아무것도 짓지 않고 그냥 천장 높이 그대로 놔두었다. 한쪽 벽 중앙에는 벽난로가 있어서 대기도실을 환하고 따뜻하게 해주었다. 연기의 일부는 커다란 돌 굴뚝으로 빠져나갔고, 일부는 바닥에 깔린 파이프를 지나 대기도실 뒤편으로 반층 정도 위에 있는 우리 식구의 방을 데워 주었다.

예수원을 시작한 그 해, 집의 심장부였던 벽난로의 장작불은 한 번도 꺼지지 않았다. 그 불은 밤에도, 낮에도, 겨울에도, 여름에도, 마치 우리가 사는 골짜기가 통로라도 되는 듯 휘몰아쳐 지나가는 찬

예수원을 시작한 그해, 벽난로의 장작불은 한 번도 꺼지지 않고 찬바람을 견디게 해
주었다. -대기도실의 벽난로.

바람을 견디게 해 주었다.

'이 바람이 영원히 부는 것은 아닐까?'

나는 생각했다. 벽난로에 불을 때고 부엌에 있는 커다란 솥에서 요리를 할 수 있도록 산에서 나무를 해와 장작을 패던 형제들도 분명 같은 생각을 했을 것이다.

대기도실에서 보낼 첫 크리스마스를 위해 우리는 창문을 비닐로 덮었고, 시멘트 바닥에는 짚을 깔았다. 천장에는 손으로 만든 램프 안에서 촛불이 빛을 내고 있었다. 우리는 거룩한 아기의 탄생을 기뻐하며 찬양했다. 아기 예수님의 환경은 우리보다 더 간소하고 볼품 없었다. 그리고 예수님은 우리와 달리 사람들에게 배척당하는 고통까지 겪으셨다.

크리스마스 이틀 뒤, 마을의 어른들을 초대해 우리의 사랑과 감사를 표시하기로 했다. 우리는 초대장을 보내면서 16명 정도가 오리라 예상했다. 리디아는 국수와 김치와 반찬들을 준비했고, 나는 케이크를 구웠다. 오후가 되자 한복을 잘 차려입은 사람들이 언덕을 올라오기 시작했다. 우리는 그들에게 들어오면서 방명록에 사인을 해달라고 부탁했는데, 마을에서 오리라고 기대했던 16명은 나타나지 않았다. 하지만 정말 놀랍게도 기대하지 않았던 130명이 우리를 찾아왔다! 리디아는 국수를 자꾸 자꾸 더 넣었고, 나는 케이크를 점점 더 작게 잘랐다. 대기도실은 바닥에 앉은 손님들로 가득 찼다.

아처는 한복을 입고 서서 산에서 살고자 하는 그의 계획과, 생명의 떡을 그들과 나누고 싶다는 소망을 이야기했다. 음식 준비를 끝낸 여자들은 작은 거실에 모여 앉아 식사를 했고, 대기도실에서는 대부분 전통 갓을 쓰고 온 할아버지들이 먼저 식사를 했다. 할아버지들이 식사를 마친 후에는 중년 남자들이 들어가 식사를 했고, 그 후에는 젊은 남자들이 들어가 식사를 했다. 그것은 참으로 재미있는 절차였다. 모든 사람들이 식사를 마치고 악수를 하며 작별 인사를 할 때, 우리는 음식이 충분했을 뿐만 아니라 많이 남은 것을 보고 놀랐다.

도대체 어떤 손님들이 다녀갔는지 보려고 방명록을 보니 모두 10개의 마을에서 사람들이 왔다! 원래 보냈던 초대장은 도중에 다 흩어져 버렸고, 그 대신 아무나 와도 된다는 소문이 멀리까지 퍼졌던 것이다. 이 많은 사람들이 우리를 환영하기 위해 그 먼 곳에서부터 왔다는 사실을 우리는 믿을 수가 없었다.

예수원이 처음 시작된 그 때, 우리는 훨씬 더 좋은 것을 위해 우리의 계획을 바꾸시는 하나님의 방법을 알아가기 시작했다.

"깊도다, 하나님의 지혜와 지식의 풍성함이여! 그의 판단은 헤아리지 못할 것이며 그의 길은 찾지 못할 것이로다!"(롬 11:33)

5

시련의 해

대기도실의 온돌 바닥은 따뜻하고 쾌적해서 남자들이 자기에 안성맞춤이었다. 그러나 일곱 달의 천막 생활 끝에 이 조그만 편의를 얻게 되자마자 그들 중 많은 이들이 떠나야 했다.

농사 계획을 세우고 진행시켰던 노련한 농부 야고보는 아버지의 농장으로 돌아가야 했다. 예수원은 지금도 그가 세운 계획에 따라 땅을 운영하고 있다. 또한 우리가 위치한 지형에 맞게 수세식 화장실을 만드는 등 놀라운 일들을 많이 했던 건축 기사 아벨도 서울에 있는 가족과 일터로 돌아가야 했다. 다른 이들도 또 다른 곳에서 해야 할 급한 일들이 기다리고 있었다. 고난도 함께 겪고 하나님의 축복도 함께 누렸던 이 사람들이 결국 떠나게 된 것은 참으로 슬픈 일이었다. 이들과 마음속에 있는 것들을 많이 나누었던 아처는 더더욱

힘들어했다. 아처는 벤과 옌시와 나를 보며 말했다.

"당신과 너희들은 나를 떠나지 않겠지?"

천막 생활을 하면서 이 사람들이 겪었던 모험과 이들이 개간해야 했던 험한 땅, 고된 일들과 씨름하던 그 열정을 생각할 때, 하나님과 그들에게 감사드리지 않을 수 없다. 이들은 불가능해 보였던 시작을 가능하게 만든 사람들이었다. 이들은 진정한 개척자였다.

춥디추운 2월로 접어들었을 무렵, 예수원에 남은 사람의 수는 얼마 되지 않았다. 건축 작업은 중단했지만, 그것말고도 매일 해야 할 일이 많았다. 소에게 여물을 주고 젖을 짜야 했고, 산에서 나무를 해 와서 쪼개야 했다. 불을 계속 지펴야 했고, 물을 날라야 했고, 식사 준비를 해야 했고, 빨래도 해야 했다. 또 생활 필수품을 사고 우편물을 찾으러 황지에도 자주 나가야 했다.

사무엘, 누가, 스데반, 바실, 익나시오, 이삭, 오스왈드, 리디아, 헬렌, 그 밖의 몇몇 자매들, 벤, 아처, 옌시, 그리고 내가 예수원의 기본 구성원이었고, 유일하게 임금을 받는 고용인으로 목수가 한 사람 있었다. 우리는 아침마다 성체 배령 미사(후에 이것은 조도로 바뀌었다)를 드렸고, 정오에는 중보기도(대도) 시간을, 저녁에는 성경공부와 함께 저녁기도(만도) 시간을 가졌다. 하루에 세 번 드리는 이 예배는 그 내용이 때로 바뀌곤 했음에도 불구하고 예수원의 기본 방식으로 지금까지 계속 지켜지고 있다. 이런 방식으로 우리는 하루에 두 시간 반을 공동체로 모여 주님과 함께 보냄으로써 시간의 십일조를 바쳤다. 우리는 이 시간을 통해 하나님께 더 가까이 갈 수 있

우리는 하루에 두 시간 반을 공동체로 모여 주님과 함께 보냄으로써 시간의 십일조
를 바쳤다. —만도 시간에 모여 중보기도하는 모습. 1979년.

었고, 그분의 인도를 받을 수 있었다.

성 발렌타인 데이인 2월 14일 만도 시간에 우리는 여느 때처럼 둥그렇게 둘러앉아 성경을 읽고 토론하고 있었다. 아처는 마침 서울에 가고 없었다. 밖은 이미 어두워졌는데, 갑자기 큰 불빛이 앞 창문을 가득 채우면서 번쩍이기 시작했다.

"무슨 일이지?"

우리들은 바짝 긴장하며 물었다. 남자들이 뛰어나가는데 누군가 고함치는 소리가 들렸다.

"천막이다!"

그의 말이 맞았다. 몇 층 아래 있는 천막이 이글거리며 불에 타고 있었던 것이다. 연기가 소용돌이치기 시작했다. 커다란 군용 천막이 그 안에 들어 있던 물건들과 함께 불길 속으로 사라졌다. 물로 불을 끈 후, 아무도 다치지 않은 것과 바람이 다른 방향으로 불어 불길이 번지지 않은 데 감사하는 것밖에는 할 수 있는 일이 없었다. 프렌치 프라이 감자로 흥미로운 저녁 식사를 준비하던 리디아는 마치 지칠 줄 모르는 사람 같았다. 그녀는 우리가 그나마 할 수 있는 일들을 찾아 분주히 뛰어다니는 동안 옌시를 업고 달래 주었다.

그 무렵에 천막은 자매들의 온돌방 덮개로 사용되고 있었다. 천막 안에 설치된 방의 벽면은 합판으로 되어 있었고, 시멘트로 된 바닥에는 아궁이와 연기가 통하는 길이 나 있었다. 또 연기를 천막 꼭대기로 끌어올려 배출하는 통풍 파이프도 있었다. 자매들이 천막에서 보낸 첫날 밤은 무척 추웠다. 그래서 둘째 날은 불을 더 많이 지폈다. 그러자 아랫목에 쌓아 두었던 이불이 그 열기를 흡수했고, 그렇게 두 시간 가량이 지나 우리가 저녁 식사와 기도로 분주하던 그 때, 불길로 번져 올랐던 것이다. 자매들은 이 화재로 이불과 옷과 책과 융으로 만든 주일학교 교재들을 잃었다. 남자들은 목공 연장 일곱 벌을 잃었고, 대부분의 플라스틱 파이프를 잃었다. 그토록 유용했던 천막이 이제 번제로 하나님 앞에 바쳐지고 있었다.

물론 우리는 천막 없이도 견딜 수 있었다. 벤은 남자들과 함께 대기도실 바닥에서 잤고, 자매들은 우리 가족이 사용하던 작은 숙소 안에 있는 벤의 방에서 잤다. 이러한 어려움을 겪으면서 우리는 하나님께 더욱더 의지하는 법과 하나님의 말씀을 생명의 양식으로 삼는 법을 배워 나갔다.

그로부터 얼마 지나지 않아 또 다른 시련이 모습을 드러냈다. 경찰이 찾아와 우리가 불법 목재로 지붕을 지었다며 경찰서로 와서 해명하라고 한 것이다. 물론 책임은 우리에게 있었지만, 우리는 목수가 훔쳐 온 재료를 쓴다는 사실을 모르고 있었다. 그러나 하나님을 전적으로 의존한다고 하면서도 모든 일에 철저하게 정직해지지 않을 때, 하나님은 우리의 필요를 채워 주시거나 복을 주시거나 우리를 사용하실 수 없다는 것을 알고 있었다. 그렇다면 이제 어떻게 해야 할까?

우리는 성경을 연구하는 가운데, 광야에 있었던 하나님의 백성들이 이와 비슷한 잘못을 했을 경우에 자신이 잘못 취한 물건을 돌려 주고 훔친 물건의 20퍼센트를 추가로 물어 주어야 했다는 사실을 배웠다. 하나님의 말씀은 곧 우리의 지침서였기 때문에 우리는 경찰을 찾아가 지붕을 전부 거두어 내서 나무를 다 돌려주고 그 값의 20퍼센트를 추가로 물어 주겠다고 했다. 경찰은 이런 얘기를 한 번도 들어 본 적이 없었는지 놀라고 감동하는 것 같았다. 그들은 "괜찮습니다. 나무를 그냥 쓰셔도 됩니다!"라고 말했다.

우리는 시련을 이기게 해주신 하나님을 찬양했지만, 그 목수는 해고해야 한다고 생각했다. 그는 불쾌해하는 기색이 역력했다. 어느 날 목수의 모습이 보이지 않길래 우리는 말없이 그냥 가 버린 줄 알았다. 그는 원래 우리 마을에 살던 사람이 아니기 때문이었다. 그런데 하루는 사무엘과 익나시오가 황지에 다녀오는 길에 버스에서 내리다가 잔뜩 화가 난 그 목수와 마주쳤다. 술에 취한 그는 자신이 무슨 짓을 하고 있는지도 모르는 상태에서 싸움을 걸어 왔다. 사무엘은 얼굴을 보호하려고 의수를 쳐들었는데, 그 때 손에 달린 쇠붙이가 그 목수의 얼굴에 스쳐 피가 조금 흘렀다. 목수는 더 사나워졌고, 더 트집을 잡기 시작했다.

사무엘과 익나시오는 간신히 그에게서 빠져나와 불편한 마음을 안고 언덕을 올라왔다. 만도 시간에 그들은 마을에서 일어난 일을 모두에게 이야기했다. 그런데 막 이야기를 마칠 즈음, 익나시오 뒤에 있던 문이 벌컥 열리더니 손 하나가 들어와 그를 낚아챘다. 많은 사람들의 거친 고함소리가 들려 왔고, 창문으로 돌멩이가 날아들기 시작했다. 새로 끼운 좋은 유리가 박살났고, 등유 램프가 깨져 주위가 깜깜해졌다. 여자들은 우리 가족의 숙소로 대피했다. 밖에서는 이상한 소리가 점점 더 커지고 있었다. 마음을 졸이며 모여 앉아 기도하던 우리는 이것이 사탄의 공격이며, 우리가 할 일은 예수님의 보혈의 능력으로 그를 내쫓는 일이라는 것을 깨달았다. 승리의 찬송을 부르기 시작하자 우리의 기도 소리가 달라졌다. 불과 몇 분 되지 않아 밖에서 들려오던 거친 고함소리가 그쳤고, 우리가 부르는 찬송 소리밖에는 아무것도 들리지 않았다. 조심스럽게 문을 여니 사방이 조용했다.

세 명의 마을 지도자들이 난장판이 된 대기도실 한가운데 서 있었다. 그 중 한 사람이 말했다.

"우리가 실수를 한 것 같습니다."

그는 그 목수가 마을에서 한 떼의 청년들을 고용해 우리에게 겁을 주려고 이런 짓을 벌였다고 말했다. 청년들은 재미 삼아 이곳을 덮쳤지만, 막상 일을 벌이고 나자 자신들이 잘못했다는 것을 깨달았다. 그래서 다들 슬그머니 빠져나갔고, 그 중에서 좀 나이가 많은 세 사람만 부끄럽기도 하고 책임감이 느껴지기도 해서 이 자리에 남았던 것이다. 아처는 그들에게 앉으라고 권했고, 우리는 돌멩이와 깨진 유리 틈에서 커피를 대접했다.

그 중에 한 사람이 아처가 그 목수를 찾아가 사무엘이 얼굴을 긁은 것에 대해 사과한다면, 그도 지금쯤은 정신이 좀 들었을 테니 아마 화가 가라앉을지도 모른다고 했다. 아처가 어둠을 헤치고 산을 내려갔다 올 동안 우리는 계속해서 그를 위해 기도했다. 그 목수가 묵고 있던 집에는 마을 사람들이 많이 몰려와 있었다. 아처는 사과

하는 대신 공격적인 자세를 취했다.

"장애가 있는 사람을 그렇게 공격해도 됩니까?"

그 목수는 자신의 어리석음을 깨닫고 두려워했다. 그는 손해배상을 하겠다고까지 했다. 아처는 그의 사과를 받아들이고 언덕을 올라왔다.

다음날 아침, 우리는 난장판이 된 대기도실의 모습을 제대로 볼 수 있었다.

"치우지 마세요!"

누군가가 말했다.

"경찰이 와서 이걸 봐야 해요!"

이 일을 그냥 덮어 두어야 할까, 아니면 경찰을 불러야 할까? 아무 일도 없었다는 듯이 행동하는 것이 옳은 일일까, 아니면 경찰을 불러 언젠가는 우리가 주님께로 인도하고자 하는 마을 사람들을 고발하는 것이 옳은 일일까? 우리는 망설였다. 그러나 우리가 망설이는 동안 주님께서 우리의 고민을 해결해 주셨다.

두 사람이 우리를 찾아왔다. 그 가운데 한 사람은 목사이고 한 사람은 장로였다. 같이 커피를 마시던 두 사람은 대기도실의 심상치 않은 상태를 보고, "무슨 일이 있었습니까?" 하고 물었다. 그래서 간단하게 그간의 일을 설명했더니, 놀란 얼굴로 서로를 쳐다보는 것이었다. 알고 보니 이들은 나무 살 돈을 그 장로에게서 받아 도망쳐 버린 어떤 목수를 찾으려고 이 마을에 온 사람들이었다. 그리고 그들이 찾는 목수는 바로 우리가 아는 그 사람이었다.

그 목사는 우리가 당한 일에 화를 냈다. 그는 그 목수를 경찰에 고발할 참인데, 그 때 우리에게 일어난 일도 함께 알리겠다고 했다. 그리고 나서 이렇게 덧붙였다.

"경찰들에게 당신들을 더 잘 보호하라고 일러 놓겠습니다. 그렇게 하지 않으면 신문사에서 편집장을 하고 있는 내 동생에게 말해서 이 사건을 기사 1면에 싣겠다고요!"

우리는 놀라움을 금치 못했다. 우리가 직접 누군가를 고소하지 않았는데도 경찰의 보호를 받게 되었기 때문이다. 우리가 하나님을 앞지르지 않을 때 그분이 얼마나 놀랍게 일하시는가를 우리는 배우고 있었다.

"의인은 고난이 많으나 여호와께서 그의 모든 고난에서 건지시는 도다"(시 34:19).

"오직 그만이 나의 반석이시요 나의 구원이시요 나의 요새이시니 내가 크게 흔들리지 아니하리로다"(시 62:2).

6

봄에 생긴 일

길었던 첫해 겨울이 가고 봄이 왔다. 우리는 스웨터를 벗어 버리고 하나님의 아름다운 솜씨를 둘러보며 즐거워했다. 산에는 진달래가 피었고, 숲에는 철쭉이 만발했으며, 우리의 발치에는 할미꽃과 제비꽃이, 집 맞은편 언덕에는 벚꽃이 수놓은 듯 피어났다. 이것은 우리가 첫 번째로 받은 아름다운 야생화 무리였다. 여름에는 한두 주 간격으로 또 다른 꽃들이 피어났고, 9월에는 코스모스와 해바라기가 장관을 이루었다.

그렇다. 겨울은 길고 추웠지만 우리는 형제자매가 되었고, 하나님을 아버지로 둔 한 가족이 되었다. 우리는 하나님에 대해 서로가 가지고 있는 작은 지식을 나누었고, 우리의 꿈과 마음의 소원을 나누었다. 서로를 격려하는 가운데 예수원을 향한 하나님의 계획을 기억

겨울은 길고 추웠지만 우리는 형제자매가 되었고, 하나님을 아버지로 둔 한가족이 되었다. -눈이 두텁게 쌓인 예수원 뜰에 모인 식구들. 1968년.

하기만 한다면, 춥고 황량하고 가난한 이 험한 상황 속에서도 살아갈 수 있다는 사실을 배웠다. 하나님은 우리의 이기심과 두려움과 완고함을 회개하도록 인도하셨다. 또한 용서란 단지 마음의 상태가 아니라, 적극적이고 능동적인 사랑을 나타내는 것임을 보여 주셨다.

어느 날 저녁, 한 자매가 자신이 그 동안 마을과 예수원에서 '내가 남보다 낫다'는 태도를 가져 온 것을 사과했다. 이 고백에 대한 반응은 다양했다. 어떤 이는 놀랐고, 어떤 이는 고개를 끄덕였으며, 또 어떤 이들은 조용히 그 자매를 용서했다. 하나님이 친히 그 자매를 다루셨으며, 이 고백은 하나의 전환점이 되어야 했다. 그러나 우리의 분명치 못한 태도 때문에 이 일은 파국으로 치달을 뻔했다. 만약 그때 우리가 기뻐하며 일어나 사랑스럽게 그 자매를 안아 주면서 우리의 용서를 확인시켜 주었다면 그 자매는 정결케 되고 자유로워졌을 것이다. 그러나 그 자매가 우리에게서 보고 느낀 것은 회의적인 태도뿐이었다. 이것은 그 자매에게 패배감을 안겨 주었고, 계속 자신의 죄에 머물게 만들었다.

누군가 우리에게 이 문제를 제기했다. 우리는 성경이 '형제가 회개하면 반드시 그를 용서해야 한다'고 가르치는 것을 발견했다(눅 17:3-4). 마태복음 18장 22절에서 예수님은 베드로에게 일흔 번씩 일곱 번이라도 용서해 주라고 말씀하셨고, 마태복음 18장 18절에서는 "무엇이든지 너희가 땅에서 매면 하늘에서도 매일 것이요, 무엇이든지 땅에서 풀면 하늘에서도 풀리리라"고 말씀하셨다.

그 자매에게 우리의 용서를 확신시키는 데는 며칠이 걸렸다. 우리는 모든 기회를 동원해서 그녀에게 우리의 사랑을 확신시켜야 했다. 우리는 그 자매를 '땅에서 풀어 주고자' 애썼다. 드디어 그 자매는 마음속으로부터 그것을 체험했고, 우리는 그녀가 '하늘에서도 풀린 것'을 알 수 있었다.

이러한 영적인 문제 외에도 매우 실제적인 문제가 우리를 기다리고 있었다. 과연 이 적은 무리의 사람들이 거친 땅을 개간하고 기도의 집을 짓는 일을 무한정 계속하려고 할까? 해야 할 일은 너무도 많았다. 소에게 여물을 주고 젖을 짜야 했고, 치즈와 버터를 만들어야 했고, 하루 세 끼 밥을 지어야 했고, 커다란 솥에 빨래를 하거나 개울에서 빨래를 해야 했고, 물을 나르고 나무를 패야 했다. 또 이제 봄이 왔으니 건축도 계속해야 했고, 씨도 뿌려야 했다.

그즈음 우리는 신실한 자매 한 명이 우리를 떠나야 한다는 사실을 절망감과 함께 받아들여야 했다. 그 자매 집에서 돌아오라는 연락이 왔던 것이다. 그녀가 떠나면 그 빈 자리가 얼마나 클까? 자매들의 수가 적었기 때문에 여자들이 할 일은 이미 감당하기 힘들 정도로 많은 상태였다. 우리는 거의 포기할 지경에 이르렀다. 하루의 일과를 해내는 일이 얼마나 힘들고, 얼마나 많은 손을 필요로 하는지 하나님은 알고 계실까?

어느 날 아침, 그 자매는 떠났다. 우리는 눈물을 흘리며 작별 인사를 하고 일과표를 다시 짰다. 어찌 되었든 최선을 다해 일을 계속해 나가야만 했기 때문이다. 그런데 놀랍게도 그 자매가 떠난 날 오후 버스가 마을에 들어왔을 때, 한 젊은 여성이 버스에서 내려 예수원을 찾아 올라왔다. 물론 그녀는 하나님이 빈 자리를 채우시려고 자신을 이리로 보내셨다는 사실을 모르고 있었다. 얼마 지나지 않아 형제 한 명이 떠났고, 그가 떠난 그날 또 다른 사람이 와서 그의 자리를 대신했다. 하나님은 그분이 시작한 일을 끝내고자 하신다는 것을 이렇게 보여 주고 계셨다.

하루는 벤이 마을을 지나가다가 외지에서 온 사람들의 눈에 뜨였다.

"이 작은 하사미 마을에 노랑머리 소년이 웬일이지?"

그들은 의아해했다. 이 일행은 극동 지방에서 가장 큰 굴로 알려진 한성굴을 찾아온 일본 과학자들이었다. 예수원에서 불과 몇 마일 떨어진 곳에 있었던 그 굴은 과학자들에게 매우 흥미로운 장소였지만, 함께 온 한국의 기자들에게는 벤이 더 흥미로웠던 모양이다.

"저기 산속에는 미국인 가족 전체가 살고 있어요."

마을 사람들의 말을 들은 그 기자들은 우리를 찾아 산을 올라왔다.

바위 더미 위에 솟아 있는 우리 집은 그들의 눈에 분명 우습게 보였을 것이다. 실제로도 이 집은 특이한 곳이었다. 오후 내내 그들은 우리의 목적과 계획에 대해 질문했다. 아처의 목소리는 테이프에 녹음되었다. 이 테이프는 나중에 라디오로 방송되었고, '기독교 공동체와 기도의 집'이라는 하나님의 계획에 대한 우리의 설명이 전파를 타고 전국으로 퍼져 나갔다. 서울의 한 신문에는 우리 가족과 예수원의 사진이 관련 기사와 함께 실리기도 했다.

"이 작은 하사미 마을에 노랑머리 소년이 웬일이지?"
－눈 내리는 날, 아들 벤이 장작을 패는 모습. 1966년.

기사가 나가자마자 우리와 함께하고 싶다는 사람들의 편지가 밀려들기 시작했다. 60통 이상의 편지가 왔다. 아처는 한 통 한 통마다 성실한 답장을 통해 기도의 삶을 더 자세히 설명함으로써 편지 쓴 이들에게 도전을 주고자 했다. 그러나 편지를 보낸 이들 가운데 우리를 직접 찾아온 사람은 단 한 명도 없었다. 그런데 똑같이 신문을 보고 라디오를 들었지만 편지는 쓰지 않았던 사람들이 우리 집 문 앞에 나타났다! 이들은 생각을 직접 행동으로 옮기는 사람들이었던 것이다! 인원은 늘어났고, 우리는 다시 한 번 희망찬 노래를 부르며 일과표를 수정했다!

아무도 그 길을 찾지 못할 만큼 지혜로우신(롬 11:33) 위대한 창조주 하나님 아버지가 아니라면 그 누가 인력이 부족한 우리의 문제를 이런 방식으로 해결할 생각을 할 수 있었을까! 하나님은 우리의 문제를 해결하셨을 뿐 아니라 놀라운 선물도 주셨다. 새 동굴을 발견한 것이다. 그때부터 벤과 식구들은 손님들이 올 때마다 이 신기한 동굴을 방문했고, 갈 때마다 매번 새로운 것을 발견했다(얼마 후 우리는 커다란 동굴 두 개 중 하나의 입구가 예수원이 자리잡은 산 뒤편 수백 피트 아래에 있으며, 그 길이가 예수원 바로 밑까지 미친다는 사실을 발견했다. 아이들의 집을 짓기 위해서 산비탈의 어느 지점을 파들어 가자 거기서 동굴로 이어지는 구멍이 하나 나타났던 것이다. 물론 기어 들어갈 수 있을 만큼 크지는 않았지만……).

여름의 온기와 늘어나는 가족, 그리고 동굴의 발견으로 우리는 큰 힘을 얻었다. 그리고 거의 기대하지 않았던 또 하나의 축복이 우리를 찾아왔다. 어느 날 오후, 무언가 큰 소리가 들려오기 시작했다. 노래 소리일까? 집 아래편에 보이는 저 이상한 동작은 무엇이고, 화려한 색상은 무엇일까? 그것은 행렬이었다! 그 행렬은 예수원 쪽으로 점점 더 가까이 다가오고 있었다. 그들 중 몇 사람은 얼마 전에 우리 새집을 난장판으로 만들어 가면서 시위를 벌였던 이들이라는 것을 알게 되자 마음이 불안했다. 그들은 춤을 추고 노래를 부르고 깃발을 흔들며 우리 마당으로 들어오고 있었다.

마침내 그 사람들의 의도가 밝혀졌다. 그들은 마을의 청년들인데, 우리 형제들 중에 키 큰 사람들이 면 주최 야구 대회에서 자기들 팀 소속으로 경기를 해서 이겼기 때문에 우리에게 감사하러 온 것이었다.

"주님, 원수를 친구로 만들어 주시니 감사합니다!"

7

축복

시련의 해는 우리의 산속 은신처에서 끝이 났다. 벽난로의 불은 한 번도 꺼진 적이 없었다. 우리 골짜기를 통로로 삼아 휘파람 소리를 내며 지나가는 바람도 멈춘 적이 없었다. 우리 일이 좌절되는 것처럼 보일 때가 많았지만 실제로 그렇게 된 적은 한 번도 없었다. 아무리 해결 불가능해 보이는 문제라도 하나님이 직접 해결해 주셨고, 그것은 늘 우리에게 굉장한 흥분거리와 놀라움이 되었다. 우리는 다시 한 번 기도했다.

"주님, 이것은 당신의 사업입니다. 이 일이 좌절되거나 도중에 잘못될 경우, 오히려 우리에게는 더 쉽게 할 만한 다른 일들이 많이 있습니다. 그러나 이 일이 계속되기를 원하신다면 계속해서 공급해 주시고 인도해 주십시오. 또한 우리와 함께 일하러 오는 사람들에게, 그리스도인의 삶은 터벅터벅 단조롭게 걸어가는 참을성의 시험이 아니라 말을 타고 영적인 왕국을 즐겁게 여행하는 것임을 어떤 방식으로든지 알려 주십시오. 주님께서 우리에게 보여 주신 그대로 말입니다."

여름이 지나고 가을이 오면서, 세 명의 좋은 조언자들이 한 번에 한 사람씩 우리를 방문했다. 이들은 우리가 깊이 사랑하는 사람들로서, 그리스도인의 길을 걷는 데 필요한 영감과 도전을 주었다.

첫 번째 손님은 존 데일리 주교였다. 그는 한국에 있는 신학교에서 첫 7년을 보내도록 우리를 초청한 사람이었다. 예수원을 시작하려는 계획을 말했을 때 감사하게도 그는 이 일을 허락해 주었다. 그런데 나중에 그의 말을 들어 보니, 사실은 우리가 첫해도 못 넘기고 실패하리라고 생각했다고 한다. 그는 처음 불을 피운 이래 한 번도 불이 꺼지지 않았던 벽난로에 우리와 함께 둘러앉아, 튼튼한 건물과 밭에서 일하는 열성적이고 적극적인 젊은이들을 보면서 말했다.

"아처, 내 머리를 이 돌벽에 처박게! 자네가 이 일을 해내리라고는 생각지도 못했어!"

그의 말을 들은 우리는 참으로 기뻤다. 그러나 동시에 이 일을 한 이는 우리가 아니라는 것, 그의 말대로 우리 힘으로는 이 일을 할 수 없었다는 것을 잘 알고 있었다. 그의 말이 맞았다. 이것은 우리가 아니라 하나님이 하신 일이었다.

그다음에 찾아온 사람은 시드니 코렐 박사였다. 수년 전에 그는 미국에서 열린 목회자 수양회에서 강의를 했고, 거기에 참석했던 아처는 그가 "가서 선교에 대해 설교하십시오. 그러면 하나님이 당신의 교구에 복을 주실 것입니다"라고 말하는 것을 들었다. 그다음 주일 아처는 선교에 대해 설교하기로 했고, 그 주일에 교회는 사람들로 가득 찼다. 하나님께서 이미 복을 주고 계셨던 것이다. 예배가 끝나자 두 쌍의 부부가 선교사로 가겠다고 자청했다. 이것은 더 큰 축복이었다! 결국 이 부부들은 선교사로 가지 못했지만, 이 사건의 결과로 우리 부부는 코렐 박사의 큰 격려를 받으면서 한국에 선교사로 오게 되었다.

코렐 박사의 예수원 방문은 이번이 두 번째였다. 그는 예수원 건물을 막 짓기 시작했을 때에도 온 적이 있었다. 그때는 심장이 너무도 안 좋아서 가파른 길을 오를 수가 없었기 때문에 의자를 장대 위에 얹어 그를 태우고 산을 올라와야 했다. 그는 앞쪽 장대를 지고 가던 키 큰 청년의 이름이 '삼손'인 것을 알고는 무척 재미있어했다. 그런데 이번에는 전보다 훨씬 더 건강 상태가 좋아졌기 때문에 걸어서 산을 올라올 수 있었다.

그가 방문하기로 계획했던 3일 간의 일정이 끝날 무렵 장마가 닥쳤다. 그는 8일 동안 우리와 함께 세찬 빗줄기 속에 갇혀 있어야 했다. 그것은 우리에게 소중한 교제의 시간이었다. 그는 "귀국하면 제 인의 화실을 짓기 위한 모금 운동을 하고 싶습니다"라고 말했다. 아처는 대답했다.

"하나님은 우리에게 모금 운동을 하지 말라고 하셨습니다. 그러나 박사님께는 어떻게 말씀하시는지 모르겠군요."

그러나 그의 말에 힘을 얻은 우리는 다음 번에 집 기초의 아래 오른쪽 구석에 화실을 짓기로 했다.

세 번째로 우리를 찾아와 격려해 준 친구는 뉴질랜드에서 온 월드 아웃리치(World Outreach) 총재 렌 존스 박사였다. 그는 한국에서 새소망 소년의 집 프로젝트를 진행하고 있었는데, 새소망 소년의 집 옆에 있는 성 미가엘 신학원에 살고 있던 우리는 그가 그곳을 방문할 때마다 저녁 식사에 초대하곤 했다. 그의 거룩한 이야기를 들을 수 있는 특권을 놓치고 싶지 않았기 때문이었다. 우리가 예수원을 막 시작할 때 그가 제안했다.

"새소망 소년의 집을 위해 법인을 세우는 일을 도와주시면, 제가 발행하는 선교 잡지에 매달 신부님과 신부님의 사업에 관한 기사를 싣고, 기부금이 들어오는 대로 보내 드리겠습니다."

이것은 하나님이 참으로 때맞추어 보내 주신 도움이었다!

렌 형제는 그 특유의 단순하면서도 활력 있고 사랑 넘치는 방식으로 우리 식구들에게 설교했고, 사람들은 진심으로 반응했다. 설교 내용은 우리 또한 계속 이야기해 오던 것이었지만, 렌 형제의 순수한 마음은 사람들이 그의 말을 도저히 거부할 수 없게 만들었다. 우리는 우리 자신과 예수원 가족의 영적인 삶을 위한 기도가 응답되기 시작하는 것을 보고 하나님을 찬양했다.

그즈음, 우리 가족을 위한 특별한 축복이 준비되고 있었다. 십대였던 아들 벤은 우리에게 큰 도움이자 정신적 지지자가 되어 주었다. 아처와 나는 집을 비울 일이 있을 때마다 벤을 남겨 두어 우리를 대신하게 했다. 세 살 난 딸 옌시도 나에게는 위로를, 그 밖의 모든 이들에게는 즐거움을 주면서 훌륭한 역할을 감당하고 있었다. 옌시는 "주님, 우리가 딸아이를 키우는 것이 합당하다면, 당신이 알맞는 아이를 택하셔서 우리 집 문 앞에 데려다 주세요!"라고 구했던 기도의 응답으로 우리에게 온 딸이었다.

마흔다섯 살의 나이에, 집에는 나를 어머니라고 부르는 젊은이들이 가득 차 있으며 편의시설이라고는 하나도 없는 상황에서 아이를 갖게 되리라고 누가 상상했을까. 그러나 하나님의 때는 우리가 생각하는 것과 달랐다. 1966년 10월 29일, 버니가 서울에서 태어난 것이다. 우리는 버니가 태어난 지 일주일 후 우리 집인 예수원으로 데려왔고, 버니는 이곳에서 행복한 18년을 보냈다.

새로 태어난 아기와 함께 서울을 떠나면서 우리는 또 다른 새 가족을 만나기 위해 검역소에 들렀다. 2년 전 성 미가엘 신학원에 있을 때, 시애틀에 있는 성 누가 교회에서 아직 새끼를 낳지 않은 암소 두 마리를 보내 준 적이 있었다. 그런데 이번에는 어린 수소 '페르디난드'를 보내왔던 것이다. 페르디난드는 아주 훌륭한 소였다. 그런데 우리를 사랑하고 염려하는 친구들은 페르디난드뿐 아니라 '지참금'도 함께 보내야겠다고 생각했다. 그래서 페르디난드와 함께 식량과 가정용품이 담긴 상자를 열 개나 보냈다! 페르디난드는 검역이 끝나자마자 도착했고, 그의 '지참금'은 그 후 하나님이 예정하신 때에 도착했다.

눈이 많이 왔다. 아처가 발과 다리에 감을 헝겊 쪼가리들을 좀 달

마흔다섯 살의 나이에, 이런 상황에서 아이를 갖게 되리라고 누가 상상했을까.
-갓난 버니와 토리 가족. 1966년.

라고 했다. 급한 일이 생겨서 나가야 할 때 눈 속을 걸어가기 위해 서였다. 나는 아침 내내 찾았지만 마땅한 것이 없었다. 그런데 그날 정오에 페르디난드의 '지참금' 상자들이 도착했다. 아주 흥분되는 마음으로 상자를 열었더니, 통조림 열 캔, 의약품, 옷, 탈수기, 심지 어 부엌 싱크까지 있었다! 아처는 상자에서 부피 큰 고무 덩어리를 끄집어 냈는데, 그것은 낚시꾼들이 신는 엉덩이까지 오는 장화였다. 이 장화는 그가 눈 속을 다니기에 딱 알맞은 것이었다!

둘째 해 봄이 다가오면서 우리는 예수원을 계속해서 지을 계획을 세웠다.

"이렇게 지게로 계속 건축 자재를 나를 수는 없을 텐데."

우리는 걱정했다. 나무와 돌과 다른 자재들을 트럭으로 실어 나를 수 있는 도로가 필요했다. 그러기 위해서는 큰 기계를 빌려야 했고, 그 길이 지나가는 땅 주인에게 세를 내야 했다. 아무래도 돈이 많이 들 것 같았다. 그렇지만 꼭 필요한 일이었기 때문에 다른 목적을 위 해 들어온 돈으로 이 일을 진행하려고 했다. 그러나 나머지 가족들 은 그렇게 하는 것이 과연 옳은 일인지 확신하지 못했다.

"신부님이 외국인이기 때문에, 사람들이 신부님을 이용해서 훨씬 비싼 임대료를 받으려 들 겁니다. 그러니 이 일은 그만두십시오!"

그러나 사람들이 우리에게 요구하는 임대료는 그리 비싸 보이지 않았고 우리에게는 도로가 꼭 필요했다! 그래서 계획대로 밀고 나가 려는데, 새로운 생각이 한 가지 떠오르더니 좀처럼 머리에서 떠나지 를 않았다.

"너희가 이 젊은이들과 함께 살려면 그들의 말을 듣고 그들의 생각을 고려해 보아야 한다. 이들은 한국 사람들이고 이 상황에 대해서 너희보다 더 잘 알고 있다!"

그것은 하나님의 음성이었다. 그분의 도우심으로 우리는 도로를 내겠다는 소중한 소망을 포기했다. 이 일은 우리의 목적이 좋은 도로와 큰 건물을 가지는 것이 아니라, 하나님의 가족이자 그리스도의 몸으로서 하나가 되어 살면서 하나님의 사랑을 나타내는 것이라는 사실을 새롭게 깨닫게 해주었다. 그렇다. 우리는 도로를 가지려는 우리의 욕망에 대해 죽었다. 예수님은 부활 전에 사흘을 무덤에 계셨다. 우리는 3주 동안 죽은 상태로 있었고 도로 없이 지내야 한다는 생각에 익숙해지고 있었다.

그러던 어느 날, 한 광업 회사가 기계와 트럭을 가지고 와서 우리 집 앞을 지나는 도로를 만들고 산꼭대기까지 길을 냈다! 숲 속에 있는 나무를 베기 위해서였다. 그들은 이 작업을 끝낸 후 우리에게 길을 주었다.

"주님, 우리를 큰 실수로부터 구해 주셔서 감사합니다. 그리고 우리가 바라던 것보다 더 큰 것을 주셔서 감사합니다!"

"우리가 알거니와 하나님을 사랑하는 자, 곧 그 뜻대로 부르심을 입은 자들에게는 모든 것이 합력하여 선을 이루느니라"(롬 8:28).

8

갈등

세브란스 병원에서 버니를 낳고 나서 나는 말했다.

"아이를 낳는다는 것은 마치 고통의 회오리 바람을 타고 올라갔다가 축복의 정원으로 서서히 내려오는 것 같아!"

내 축복의 정원은 그해 겨울에서 1967년 봄까지 계속되었다. 물론 나에게 선택의 여지가 있었다면 갓난아이를 키울 장소로 예수원처럼 생활 환경이 불편한 곳을 택하지는 않았을 것이다. 그러나 이 멋진 새 생활에 익숙해지자 생활 환경이 불편하다는 것은 거의 문제가 되지 않았다. 오히려 이렇게 늦은 나이에 딸을 보내 주신 것은 우리가 이 산에 와서 예수원을 시작한 것을 인정하신다는 표시라는 확신이 들었다. 나는 두 명의 소중한 딸들을 통해서, 아처와 벤이 날마다 직면해야 하는 일상 생활의 현실로부터 잠시 피할 수 있는 멋

나는 두 딸을 통해서 일상의 현실로부터 잠시 피할 수 있는 멋진 도피처를 얻었다. —버니를 업고 있는 옌시. 1969년.

진 도피처를 얻었다.

예수원에는 이 기도의 집을 짓기 위해 자원해서 시간과 노력을 들여 일하며 짐을 나누어 지는 신실한 형제자매들이 있었다. 그즈음 나는 왜 아처가 그렇게 자주 금식하는지 궁금했는데, 많은 세월이 지난 후 그의 일기를 읽다가 비로소 그 이유를 알게 되었다. 그는 우리 가족들이 서로 이해하고 화합하며, 각자 책임감을 가지고 평화를 누릴 수 있도록 기도하고 있었던 것이다.

원수인 사탄은 계속 일하고 있었다. 오래 전에 떠나기로 결정했던 사람이 떠나지 않은 채, 혹시 돈을 주지 않을까 기다리면서 불만을 퍼뜨렸다. 또 한 팀은 다른 팀을 질투했다. 미국에서처럼 젊은 남녀들이 한집에서 가까이 살 때 생기는 어려움은 없었지만, 좋지 못한 경쟁심이 그들 사이에 생겨났다. 서로 다른 성장 배경과 출신 지역의 차이 때문에 사람들은 서로를 받아들이지 못했다. 또 얼마간의 돈이 없어지자 의심이 싹트기 시작했고, 누군가 산에서 나무를 불법으로 벌목한 일 때문에 우리가 불려가서 조사를 받아야 했다. 이들이 우리와 함께 살겠다고 왔을 때는 각자 거룩한 소명감이 있었을 텐데, 그 소명감은 다 어디로 간 것일까?

하루는 한 형제가 몹시 괴로워하며 우리 방으로 뛰어들어왔다. 그의 손에는 칼이 들려 있었고, 손가락에는 피가 묻어 있었다. 그는 알아들을 수 없는 말을 쏟아 부었다. 얼마 후 또 다른 형제가 눈에 살기가 가득한 채 들어왔다. 두 사람은 서로를 노려보았고 우리는 어찌해야 좋을지 알 수가 없었다. 마침내 아처와 나는 각자 한 사람씩 데려다가 어깨에 손을 얹어 억지로 무릎을 꿇리고는 눈을 뜬 채로 큰 소리로 기도하기 시작했다. 우리는 이들의 분통함을 치유해 주시고, 이들을 용서해 주시며, 하나님의 진정한 아들들로 변화시켜 달라고 계속해서 기도했다. 한 사람은 잠이 들고, 또 한 사람은 울면서 쓰러질 때까지 우리는 감히 기도를 멈추지 못했다.

우리는 이 두 사람이 이곳에 오기 전부터 서로 알던 사이였다는 사실을 알게 되었다. 이들은 같은 도시에 있는 두 깡패 집단의 두목들로서, 서로 원수처럼 지내는 사이였다. 이들은 각각 서로 다른 선교사에 의해 이곳으로 보내졌다. 그 선교사들은 가끔 이들을 방문하는 것만으로는 충분한 영향을 미칠 수 없었기 때문에, 예수원에서 우리와 함께 살면 훨씬 더 많은 영향을 받으리라는 기대감으로 이들을 보냈던 것이다. 두 사람 중 한 사람은 감옥 대신 여기로 온 이였는데, 자기가 살인은 하지 않았지만 어떤 사람을 칼로 열세 번이나 찔렀다고 자랑하며 다니던 사람이었다.

두 사람은 이런 사실들을 비밀로 하려고 했지만, 언제부터인가 둘 사이에 긴장이 싹트기 시작했다. 사건의 발단은 이들이 예수원의 규율을 깨고 술을 마신 데서 비롯했다. 피 묻은 손에 칼을 들고 있었던 형제는 화가 나서 거울을 깼다. 그는 우리가 기도했을 때 자기 잘못을 고백하고 용서를 구했으며, 한 번만 더 기회를 달라면서 울음을 터뜨렸다. 다음날 아침, 잠이 들어 버렸던 형제도 잘못을 고백하고 용서를 구했다.

두 사람 사이의 긴장이 해결되면서 얼마나 큰 안도감과 놀라움을 경험했는지 모른다! 이 일로 인해 다른 사람들도 회개할 은혜를 얻었고, 나 또한 부끄러움을 무릅쓰고 나의 이기심을 공개적으로 회개했다.

예수원을 떠난 후 고향 길에서 마주친 두 사람은 한 형제로서 서로를 끌어안았다. 이것을 본 사람들은 놀라움을 금치 못했다.

"아니, 서로 원수처럼 지내던 사람들이 웬일이야? 아하, 예수원에 가서 변한 게로구나! 그렇다면 사람들을 거기로 더 많이 보내야겠네!"

하나님의 말씀이 진리라는 것을 우리에게 증명해 주신 하나님을 얼마나 찬양했는지! 하나님은 바울에게 "이는 내 능력이 약한 데서 온전하여짐이라"(고후 12:9)고 말씀하셨다. 그리고 우리에게는 "이 상황은 너희들이 감당할 수 없는 것이었지만, 나에게는 쉬운 것이었다. 너희가 나를 의지했기 때문에 내가 그들의 마음속에 이 변화를 일으킬 수 있었던 거야"라고 말씀하고 계셨다.

조병호 목사님은 우리가 신학교에 있을 때 이웃에 살던 사람이었다. 그도 우리처럼 다른 곳으로 이사를 갔고, 우리 같은 외국인이 어려운 환경 속에서 일하고 있는 것을 생각하면 자신도 자신의 사역을 계속해 나갈 용기가 생긴다는 편지를 보내 왔다. 그는 서울에서 가장 빨리 성장하는 교회에서 공동 목회를 하자는 친구의 요청을 거절하고, 가장 외진 마을에서 일하고 있었다. 그는 하나님이 자신을 농촌 사역으로 부르셨다고 했다. 그가 사는 마을은 버스에서 내려서도 세 시간이나 걸어가야 하는 곳으로서, 마약 밀매자들이 경찰의 눈을 피해 숨어들곤 했다. 하나님은 조 목사님을 그곳으로 인도하셔서 하나님을 위해 횃불을 들어올리게 하셨다. 이것은 악을 물리치고 불태우며 정결하게 하는 불이었다.

우리는 예수원의 젊은이들을 며칠 간 가르쳐 달라고 그에게 부탁했다. 그는 오겠다고 했지만, 그 당시에는 그가 올 때까지 과연 버틸 수 있을지 확신할 수 없을 만큼 상황이 어려웠다. 마침내 조 목사님이 다녀갔고, 우리 집의 분위기는 변화되었다. 우리와 마음을 같이할 수 있고, 설교를 통해 우리 젊은이들의 마음을 이렇게 잘 만질 수 있는 형제가 함께 있다는 것이 우리에게 어떤 의미를 지녔는지 말로 표현할 길이 없다. 조 목사님은 설교하는 가운데 때로는 욕을 해대는 깡패로, 때로는 거친 낙하산 부대원으로, 때로는 부드럽고 자상한 아버지로, 때로는 무심한 남편으로, 필요에 따라 놀랍게 역할을 바꾸었다. 그는 성경 인물들의 삶에서 자신의 삶과 비슷한 상황들을 보면서 그것을 생생하게 재현해 냈다. 그는 유머감각이 풍부하고 재미가 넘치면서도 매우 진지했고, "범사에…… 감사하며"(엡 5:20)라는 말씀의 괴롭고도 즐거운 의미를 알고 있었다. 그는 당시에 외아들이었던 첫째 아이의 죽음을 통해 "하나님이 세상을 이처럼 사랑하사 독생자를 주셨으니……"라는 말씀의 의미를 아는 특권을 얻기도 했다.

우리 식구들 사이에서 하나님이 다시 살아나셨다. 사소한 차이점들은 잊혀졌고, 형제자매들은 일하면서 찬송가를 흥얼거렸으며, 성경공부 시간을 매일 간절히 사모했다.

이 무렵 미국에 있는 한 기도 모임으로부터 선물이 왔다. 그것은 두 팔을 들고 계시는 예수님의 초상화였다. 십자가에 박힌 손의 모습까지는 그려져 있지 않았지만, 그의 얼굴에는 고통이 배어나 있었고, 아버지를 향해 들린 눈에서는 광채가 나고 있었다. 이 그림을 그린 화가는 기도 모임 중에 예수원을 위해 기도하고 있을 때 이 환상을 보았다고 했다. 그녀는 이 그림을 화폭에 옮겨 우리에게 보내야 한다는 강한 확신을 느꼈다.

"이 그림의 제목은 '다 이루었다!'에요."

하나님은 우리에게 "내가 너희를 인도하여 예수원을 시작하게 했다. 너희에게는 고난밖에 보이지 않을지 모르지만, 나는 이 일을 이미 다 이루었다. 너희가 계속해서 나를 높이고 나의 말을 모든 상황에 적용하면 너희도 지금 내가 한 말의 의미를 알게 될 것이다"라고 말씀하고 계셨다. 이것은 우리에게 큰 격려가 되었다.

사순절이 지났다. 그동안은 시험의 기간, 꿈을 포기하는 기간, 영혼을 살피는 기간이었다. 그러나 부활절이 다가오고 있었고, 그와 함께 희망의 신호가 보이고 있었다. 우리는 조 목사님의 설교를 통해 새롭게 되었고 그림을 통해 희망을 얻었다. 그리고 우리에게 하나님의 임재와 사랑을 확인시켜 준 또 다른 중요한 일이 생겼다.

예수원의 제단 위 창문에는 나무로 된 십자가가 밖에서 들어오는 빛에 어두운 실루엣을 그리며 서 있었다. 나는 1년 여 동안 대도 시간마다 이 십자가를 바라보면서, 그리스도의 영광을 상징하는 또 하나의 금빛 십자가가 언덕 위에 서 있는 모습을 상상했다. 이번 부활절에 그런 십자가를 만들 수 있을까? 화실을 만들고 있던 재주 좋은 목수는 우리가 그린 설계도를 보더니 한번 만들어 보겠다고 했다. 그는 나무로 여섯 피트짜리 십자가를 만들었고, 중간에 빛이 퍼져 나가는 모습을 새겨 넣었다. 부활절 전날, 우리는 그 십자가를 시멘트로 고정시키고 금색 페인트를 칠했다.

부활절 아침이 되었다. 새벽에 성체 배령 미사를 드리는 도중에 해가 동쪽 산등성이에서 뜨면서 빛이 십자가에 부딪치더니, 놀랍게도 십자가에서 빛이 해처럼 쏟아졌다. 그리스도는 부활하셨다! 그리스도는 여기 계시다!

"깊도다, 하나님의 지혜와 지식의 풍성함이여! 그의 판단은 헤아리지 못할 것이며, 그의 길은 찾지 못할 것이로다!"(롬 11:33)

그리스도는 부활하셨다! 그리스도는 여기 계시다!
— '부활절 십자가.' 현재인 그림.

9

성령이 임하시다

1967년의 여름과 가을에 걸쳐 하나님은 계속해서 신실하게 당신의 임재를 보여 주셨다. 우리는 한 영역에서 낙담했을 때에도 또 다른 영역에서 일하시는 하나님의 손길을 볼 수 있었다.

때로 서로 성격이 맞지 않아서 갈등이 생기거나 일을 소홀히 함으로써 부끄럽게도 믿음을 잃어버리기도 했다. 그때마다 우리는 하나님께 부르짖었다.

"우리가 당신의 인도를 잘못 이해한 것입니까? 참으로 당신이 우리에게 원하시는 일이 이것입니까? 이처럼 너무나도 다른 사람들이 '한가족'을 이루는 것이 정말 가능한 일일까요? 어떻게 성령님의 손길을 경험한 적이 없는 이 사람들이 이러한 삶을 살도록 부름받았다고 생각할 수 있습니까? 주님께서 거듭되는 위기 속에서 우리를 이 자리까지 인도해 주신 것은 사실입니다. 하지만 왜 우리 식구들 사이에 이처럼 끝도 없어 보이는 불화가 계속되는 것입니까?"

이렇게 하나님이 어디에 계시는지 묻고 있을 때, 갑자기 '청천벽력'처럼 거액의 헌금이 들어왔다. 그것은 전혀 예기치 못한 곳에서 온 헌금이었다. 우리를 버리지 않으시는 하나님밖에는 이러한 선물을 보낼 분이 없었다.

또한 재정적인 어려움으로 낙심한 나머지 하나님이 정말 우리의 필요를 알고 계시는지, 정말 우리에게 관심을 가지고 계시는지 물을 때도 있었다. 그럴 때 우리는 하나님이 누군가의 삶을 바꾸기 위해 일하고 계시는 것을 볼 수 있었고, 그것을 통해 소망을 다시 회복하곤 했다. 우리는 오직 눈을 크게 떠서 하나님의 지속적인 사랑의 표현에 주목하며, 우리의 비전을 지키기만 하면 되었다.

이즈음 우리의 사기를 크게 높여 준 일이 있었다. 그것은 발레리 홀포드가 마침내 예수원에 도착한 일이었다. 영국 아가씨인 발레리는 영국의 리 애비(Lee Abbey)에서 일하던 중에 예수원을 세우려는 우리의 계획을 듣게 되었다. 그녀는 이곳에 오기 위해 2년 동안 기도하고 준비했으며 마침내 배편으로 인천에 도착했다. 마중 나간 아처는 서울에서 이틀을 보낸 후 발레리와 함께 예수원으로 출발했다. 그러나 배에서 3주를 보낸 발레리는 예수원까지 올라오는 힘겨운 산행을 할 준비가 되어 있지 않았다. 그래서 길을 돌려 먼저 묵호로 갔다. 묵호에서만 체류증을 얻을 수 있었기 때문이었다. 하지만 안타깝게도 그것은 헛수고가 되고 말았다. 발레리는 두 달 후에 거기까지 다시 가야 했다.

묵호에서 예수원으로 오려면 마차리까지 기차를 타고 와서 가파른 산을 올라야 했다. 아처를 따라 험한 산길을 터벅터벅 오르면서 발레리는 무슨 생각을 했을까? 처음에는 분명히 '예수원이라는 곳이 정말 이럴 만한 가치가 있는 곳일까? 그저 소문만 무성한 곳은 아닐까?'라는 생각을 했을지도 모른다. 비록 아처가 발레리의 가방을 들어 주기는 했지만, 때로는 그가 차라리 자기를 내버려 두고 가 주기를 바란 적도 여러 번 있었으리라! 그러나 용감하게도 발레리는 한마디의 불평도 하지 않았다.

그들이 산길을 절반쯤 올라왔을 때 눈이 내리기 시작했고, 그렇지 않아도 힘든 여정에 매운 추위까지 몰아닥쳤다. 조금만 오래 쉬면 몸이 얼어 버려서 쉴 수도 없었다. 보온병에 있는 커피까지 얼어붙었다. 그러나 이 두 명의 개척자들은 확고한 의지를 가지고 계속해서 산을 올랐다. 그렇게 산을 오른지 3시간 30분 후, 그들은 마침내 눈보라를 뚫고 우리 집 문 앞에 도착했다.

"이제 고생은 끝이에요!"라는 말로 발레리를 위로해 주고 싶은 마음이 굴뚝 같았지만, 그 말 대신 사다리를 타야만 올라갈 수 있는 방으로 발레리를 안내해야 했다. 그러나 이러한 불편함에도 불구하고 발레리는 기가 꺾이지 않았다. 리 애비에서 피난처를 찾았던 그녀는 이제 예수님에 대한 감사와 사랑으로 우리를 위한 선교사가 되기 위해 지구를 반 바퀴 돌아서 예수원을 찾아왔다. 흔히 생각하듯이 위대한 선교사로서 사람들을 가르치기 위해서가 아니라—그녀에게는 흔히 '선교사'에게 요구되는 '자격'이 없었다 — 단순히 우리 공동체의 일원이 되어 부엌에서 일하기 위해서 온 것이다. 발레리는 부엌에서 일하라는 부르심을 받고 예수원을 찾아온 첫 번째 사람이었다. 이것은 '공동체'의 진정한 의미에 대한 수천 마디의 말보다 더 많은 것을 우리에게 가르쳐 주었다.

발레리는 햄 프리카세나 건포도와 꿀을 곁들인 라이스 푸딩 같은 맛있는 음식을 우리 식단에 추가했다. 그리고 나에게는 오랫동안 기다려 왔던 기도 파트너가 되어 주었다. 우리는 하나님이 우리 가족을 영적으로 성숙시키셔서 서로의 차이를 문제 삼지 않게 하시고, 주님의 기쁨을 계속 체험하게 하시며, 주님을 섬기는 것만이 각 사람의 유일한 열망이 되게 해달라고 기도했다.

"두세 사람이 내 이름으로 모인 곳에는 나도 그들 중에 있느니라"(마 18:20)고 주님은 말씀하셨다. 이것은 특별한 방식으로 우리에게 진리가 되었다. 아처와 나는 그동안 둘이서 이렇게 기도해 왔다. 하지만 발레리까지 세 사람이 되면서, 더 큰 능력이 임하게 되었다.

그즈음에 우연히 서울에서 열리는 집회에 참석할 기회가 생겼다. 집회가 끝날 무렵, 하나님의 성회 소속 목사님 한 분이 특별히 부탁할 기도 제목이 있는 사람은 모두 제단 앞으로 나오라고 했다. 나는 우리의 기도 제목을 가지고 제단으로 나갔다.

"예수원 가족들이 살아 계신 하나님을 생생하게 경험하도록 기도해 주세요."

허스튼 형제는 하나님이 이 기도에 응답하셔서 예수원 식구들에

"예수원 가족들이 살아 계신 하나님을 생생하게 경험하도록 기도해 주세요." – '현존'. 현재인 그림.

게 성령 세례를 달라고 간구했다. 우리의 기도에 더해진 이 훌륭한 형제의 기도에 하나님이 분명히 응답하시리라는 확신이 들었다. 그러나 다른 한편으로는 예수원에 성령이 임하시기를 바라는 이 귀한 꿈이 너무나 오랫동안 이루어지지 않았기 때문에 이제는 거의 불가능할 것 같다는 생각이 들기도 했다!

다음날 나는 기차를 타고 집으로 돌아왔다. 그런데 집에 도착하자마자 놀라운 일을 발견하게 되었다. 내가 도착하기 바로 전에 손님이 한 분 오셨던 것이다. 믿기지가 않았다. 그는 유명한 복음전도자로서 우리가 늘 그 사역에 관심을 가져 온 사람이었는데, 바로 그가 우리 집에서 거의 일주일을 머물 수 있다는 것이다!

그다음 날 우리는 그에게 그때 막 완공된 잠실 축복식에 참석해 달라고 했다. 그리고 그다음 날에는 아침과 저녁 설교를 부탁했는데, 그의 설교 주제는 바로 성령님에 대한 것이었다! 그 이튿날 아처는 가야 할 곳이 있어서 집을 떠나야 했다. 그러나 우리의 전도자 친구는 계속 남아서 그 주간 내내 성령님의 변화시키는 사역에 대해 나누었다. 그는 성령님이 한 사람을 충만케 하셔서 하나님이 사용하실 만한 그릇으로 변화시키신 예들을 수없이 이야기했다. 그렇게 사나흘이 지난 후 나는 드디어 조심스럽게 물었다.

"여기에 있는 우리 형제자매들도 성령을 받을 수 있을까요?"

"물론입니다."

그는 대답했다. 그리고 나서 성령을 구하는 기도를 하기 원하는 사람이 있느냐고 특별한 형식 없이 묻기 시작했다. 형제자매들이 한 사람씩 성령 세례를 주시는 예수님께 굴복하며 무릎을 꿇었다. 그 복음전도자는 그들에게 안수했고, 모든 형제자매들이 거의 예외없이 성령으로 기도하기 시작했다! 형제자매들의 마음속에서 큰 기쁨이 우러나왔다. 어떤 사람은 "나에게도 이런 일이 일어날 수 있을까?" 하며 놀라워했고, 어떤 사람은 너무나 사로잡힌 나머지 한 시간 내내 기도했다. 또 처음에는 이 광경을 바라보기만 하다가 다른 사람들보다 훨씬 더 심하게 씨름하고 나서야 눈물을 흘리며 예수님께 굴복하는 사람도 있었다. 주 예수께서 진정 영원에서부터 이 시간 속으로 찾아오셔서 우리를 이런 방식으로 만지시는 일이 가능할까? 그분은 그렇게 하셨고, 우리는 새로운 차원의 삶으로 들어갔다.

"기록된 바 하나님이 자기를 사랑하는 자들을 위하여 예비하신 모든 것은 눈으로 보지 못하고 귀로 듣지 못하고 사람의 마음으로 생각하지도 못하였다 함과 같으니라. 오직 하나님이 성령으로 이것을 우리에게 보이셨으니"(고전 2:9-10).

이것은 사람이 보는 것이나 이해하는 것을 초월하는 일 가운데 하나였다. 그러나 우리 형제자매들을 사랑하시는 하나님께서는 그들을 위해 이 일을 준비하셨다. 유리를 통해 어둠 가운데서 하나님을 보던 자들과 그동안 자신의 힘으로 하나님을 섬기던 자들이 이제는 하나님의 빛에 싸인 동역자들이 되었다.

10

동역

1957년에 성령님께서는 우리 부부의 삶을 매우 실제적인 방법으로 만지셨고, 그때부터 우리의 삶은 새로운 의미와 목적을 가지게 되었다. 하나님의 뜻이 우리의 뜻이 되었고, 우리는 두려움에 가득 찬 인간의 눈이 아니라 영의 눈으로 사람과 상황과 사건을 보게 되었다. 우리 안에는 여전히 '옛 사람'이 있었지만, 그때 이후로는 이 '옛 사람'과 싸울 영적인 무기가 생겼다.

인생은 영광스러운 모험의 연속이었고, 이 모험이 우리로 하여금 예수원을 개척하게 했다. 예수원이 이렇게 시작되었기 때문에 우리는 하나님의 깊은 것까지 사람들과 자유롭게 나눌 수 있으리라고 생각했다. 첫 3년 동안 어려운 상황이 많았지만 성령님의 능력으로 극복할 수 있었다. 그러나 예수원 식구들에게는 '그들이 원하기만 하면 하나님이 큰 선물을 주신다'는 사실을 확신시키지 못했다. 그들은 그것을 원하지 않았을 뿐 아니라 필요하다고 생각하지도 않았다. 옛 자아의 완전한 '분해'를 위해 자신을 굴복시키기보다는, 반밖에 채워지지 않았더라도 지금 그대로의 삶을 이어가는 것이 그들에게는 더 쉬운 일이었다. 이러한 상태는 그 복음전도자가 와서 우리가 전부터 전해 오던 말씀을 다른 접근방법으로 새롭게 전해 줄 때까지 계속되었다. 이번에는 우리 식구들이 그 말씀을 듣고 성령님을 받아들였다.

그토록 오랫동안 기다렸던 일이 하필이면 아처가 없을 때 일어났다는 것은 참 이상한 일이었다. 그러나 집에 돌아왔을 때 가족들이 팔을 벌리고 나와 들려 주는 흥미진진한 이야기는 아처를 감격시켰다. 어떤 사람은 "그동안 신부님이 하시던 말씀이 무슨 뜻인지 이제야 알겠습니다!"라고 말했고, 또 어떤 사람은 "왜 성령님에 대해 말해 주지 않으셨어요?"라고 했으며, 또 어떤 사람은 "하나님은 살아 계시고 저를 사랑하신다는 것을 이제 알았습니다!"라고 말했다. 자매들은 일하면서 노래를 불렀고, 형제들은 더 책임감 있게 일했다. 아처가 집을 비웠다 돌아오면 으레 기다리고 있게 마련이던 산더미 같은 문제들도 없어졌다. 의사소통을 전혀 하지 않던 한 형제가 자신의 경험을 나누기 시작했고, 아처는 그 형제가 책임자로 있는 관리부의 사기가 최상이라는 것을 알 수 있었다.

모든 사람이 이 사건으로부터 영향을 받았다. 다섯 살 난 옌시도 기적을 체험했다. 옌시는 집에 놀러 온 친구에게 책을 몇 권 빌려

주었는데, 옌시의 말을 오해한 그 남자아이가 그 책들을 그만 집으로 가져가 버렸다. 옌시는 울음을 터뜨렸다. 나는 만약 옌시가 그 아이에게 기꺼이 책을 주면 하나님이 더 많은 책을 보내 주실 거라고 말했다. 옌시는 울음을 그쳤고, 나는 그 일을 잊어버렸다. 이튿날, 한 선교사 가정이 소포를 한 상자 보내왔다. 거기에는 어린이책이 잔뜩 들어 있었다. 옌시는 아주 당연하다는 듯이 말했다.

"이 책은 하나님이 저에게 보내 주신 거예요!"

몇 달 전에 예수원에 와서 설교로 큰 은혜를 주었던 조알버트(조병호) 목사님이, 일주일 더 와서 설교를 해달라는 우리의 부탁을 받아들였다.

"그러나 제가 그곳에 가기 전에 신부님이 먼저 가수리에 와 주셔야 합니다."

그의 요청에 따라 아처와 발레리와 옌시와 버니와 나는 기차와 버스를 타고 가서 아름다운 강을 따라 세 시간을 걸었다. 깊숙한 산골로 이어지는 그 길은 절벽 같은 바위투성이 제방에 툭 튀어나온 작은 선반 같았다. 아이들을 데리고 짐을 들고 가는데, 비까지 내려 길이 여간 미끄럽지 않았다. 우리는 그런 상황에서 강으로 미끄러져 떨어지지 않은 것에 대해 하나님을 찬양했다.

조 목사님은 우리를 만나러 꽤 먼 길을 마중 나왔고, 아름답지만 문제가 많은 외딴 마을로 우리를 데리고 갔다. 이곳에서 많은 이들이 마약 중독과 마약 불법 거래로부터 구출되었고, 교회는 개척된 지 불과 3년 만에 견고하게 자리를 잡았다. 우리가 그곳에 머물렀던 일주일 동안 결혼식과 장례식을 비롯한 여러 가지 즐거운 예배가 있었다. 그 교회에는 목사님을 도울 만한 잘 훈련된 젊은 전도사도 한 사람 있었다. 우리는 하나님의 참된 종이 어두운 곳에 빛을 비추기 위해 할 수 있는 일들이 어떤 것인지 볼 수 있었다.

그 주가 끝날 무렵, 조 목사님과 그 아내와 두 명의 자녀가 우리와 함께 예수원으로 돌아가는 '원정'에 나섰다. 그들은 약속대로 예수원에서 일주일 동안 설교하기 위해 우리와 동행한 것이었다. 조 목사님이 처음 예수원에 왔을 때 보았던 거친 성품들이 이제는 다듬어져 있었고, 성령의 능력을 체험한 이들은 조 목사님의 설교에 전보다 더 크게 열려 있었으며 더 잘 받아들일 준비가 되어 있었다. 조 목사님은 그들이 즐겁게 노래하는 모습을 보고 놀랐다. 젊은이들은 배우고 섬기기를 갈망했고 성령님을 통해 힘을 얻었다. 아처도 그들을 가르칠 수 있었지만, 같은 민족이 할 수 있는 것만큼은 할 수 없었다.

우리는 이른 아침과 저녁에 예배를 드렸다. 전에 조 목사님이 설교하는 예배에 빠졌던 한 젊은이는 아직도 준비되지 않았다는 생각에 이번에도 예수원을 빠져 나가 버렸다. 그러나 버스가 다니지 않았던 탓에 부끄럽지만 할 수 없이 다시 언덕을 올라와야 했고, 그 주가 지나기 전에 성령으로 충만해졌다.

조 목사님이 전에 왔을 때처럼 나는 이번에도 하나님께 부르짖었다.

"주님, 조 목사님 같은 분이 한 사람만 여기서 함께 살며 가르치고, 아처를 도와 설교하면서 예수원을 운영할 수 있다면 얼마나 좋을까요!”

하나님은 말씀하셨다! 아처에게 먼저 말씀하셨는지, 아니면 조 목사님에게 먼저 말씀하셨는지는 모르겠다. 그러나 그 주가 지나기 전에 조 목사님 가정이 예수원 공동체의 일부가 되기를 원하신다는 사실이 분명해졌다. 이것은 그 가족에게 그야말로 믿음의 결단을 요구했다. 월급도 없을 것이고, 생활 여건도 좋지 않을 것이며, 교회처럼 갖추어진 틀 안에서 생활하거나 교육하지도 못할 것이다. 이러한 부르심에 응답한다는 것은 예수원에 있는 다른 사람들과의 교제 가운데서 하나님께 모든 것을 의뢰하며, 하루하루 하나님의 인도와 공급을 받아들인다는 것을 의미했다. 가수리로 돌아가는 조 목사님 부부의 마음속에는 이와 비슷한 생각들이 오갔을 것이다.

몇 주 간의 기도와 준비의 시간이 있었다. 드디어 아처는 요한계시록 22장 17절만 달랑 적은 전보를 보냈다.

“성령과 신부가 말씀하시기를 ‘오라’ 하시는도다!”

한국에서 성공회 목회자에게 쓰는 호칭은 ‘신부’인데, 영어의 'bride'도 한국어로는 ‘신부’이다. 조 목사님은 성령님과 ‘신부’가 자기를 채근하고 있다는 것을 알 수 있었다. 그는 자기가 개척한 교회를 전도사에게 맡기고 우리에게 왔다! 조 목사님과 그의 좋은 아내 샤론, 옌시와 동갑내기인 아들 성준이와 버니와 동갑내기인 딸 난희가 그 가족 구성원이었다. 이번에는 지도층의 식구가 늘어났다. 그들은 모든 면에서 우리와 함께 살고 일할 것이며, 가르치는 일과 음악에 도움을 줄 뿐 아니라, 부엌일과 밖에서의 힘든 일도 도울 것이다.

조 목사님은 숲에서 빨간 잎이 가득한 작은 단풍나무 한 그루를 가져와 집 앞에 심었다. 그 나무는 자라서 매년 가을에 황홀한 빛을 내뿜었다. 나는 그 나무를 볼 때마다 조 목사님 가정이 우리와 합류한 지 얼마 되지 않아 그와 몇몇 형제들이 이 나무를 가져와 심던 날을 감사함으로 떠올리곤 한다.

조 목사님 부부가 예수원에 오게 되자, 그들이 양육하던 전도사 지망생 젊은이들도 함께 따라왔다. 그들은 우리 형제들과 함께 '선지자의 제자들'(왕하 2장)이 되었다. 그들에게는 엘리야와 엘리사 대신 조 목사님과 아처가 있었다.

이러한 새로운 발전은 우리에게 매우 감격스러운 일이었다. 한편으로 우리는 안도했지만, 또 다른 한편으로는 새로운 방향으로 우리를 인도하시는 하나님께 더 헌신해야 할 필요성을 날마다 느끼고 있었다. 우리가 과연 하나님의 인도를 제대로 따라갈 수 있을까? 우리는 빌립보서 1장 6절 말씀을 다시 한 번 기억했다.

"너희 안에서 착한 일을 시작하신 이가 그리스도 예수의 날까지 이루실 줄을 우리는 확신하노라."

하나님은 약속을 지키셨다. 하나님은 무언가를 시작하셨고, 당신이 선택하신 종들을 보내어 우리를 돕게 하심으로써 그 일을 계속해 나가고 계셨다.

11

적(敵)의 소문

성령님이 오셔서 우리 형제자매들에게 세례를 주신 후, 하나님의 영광이 우리 집에 임하였다. 사람들은 하나님과 교제하고 그분의 지시를 받는 것에 최우선 순위를 두었다. 개인적으로, 혹은 작은 그룹으로 모여 하나님께 기도하고 그의 말씀에 귀를 기울이는 가운데, 기도의 영이 온 집과 산을 가득 채웠다. 하나님은 그들을 회개시키셨고, 사랑하고 용서하는 사람들로 만드셨으며, 즐겁게 일하게 하셨다. 가장 힘들고 천한 일을 할 때도 노래 소리가 울려나왔고, 서로 돕는 가운데 매일의 일들을 처리했다. 물론 우리는 아직 인간이었기에, 이 영광스러운 분위기에서도 간혹 '자아'가 튀어나오곤 했다. 그러나 그러한 일이 일어날 때마다 경험 많은 영적 지도자 조알버트 목사님과 그의 아내 샤론이 문제를 해결했으며, 사람들을 바른 길로 인도했다.

예수원 식구들이 내적 평화를 얻고 나니 원수는 다른 곳에서 우리를 교란시키려 했다. 아니면 이러한 외부의 공격에 미리 대비시키기 위해 우리에게 미리 내적인 평화와 힘을 주신 것인지도 모른다. 이것이 하나님의 성품이다. 그분은 당신의 자녀들이 감당할 수 있는 한도 이상의 시험을 주지 않으신다(고전 10:13).

그해(1968년) 여름, 북한 간첩들이 산속에 간첩 거점을 만들기 위해 침투했다는 경계가 전국에 내려졌다. 주민들은 자기 집을 보호하기 위해 최선을 다해 준비했고, 향토예비군은 새롭게 훈련을 받았다. 우리 형제들도 상사미 경찰서 주위로 두꺼운 돌벽을 쌓는 일에 동원되었다. 우리는 북한 사람들을 식별하는 방법과 그 밖의 주의사항들을 들었다.

늦여름에서 가을로 접어들었다. 다른 지역에서는 사건이 더러 있었지만 이쪽 산에서는 아무 일도 일어나지 않았다. 드디어 낙엽이 지기 시작했다. 간첩들이 경찰과 군인들의 눈을 피할 수 있는 우거진 나뭇잎들이 사라졌다. 더 이상 무슨 사건이 일어날 조짐이 보이지 않자 국군은 예상했던 일이 일어나지 않은 것에 안도하며 강원도 일대의 산과 마을에서 일제히 철수했다.

적들은 이때를 기다렸던 것 같다. 경찰과 군인만 없으면 낙엽이 다 지고 난 숲에서도 몸을 드러낼 수가 있었다. 군인들이 철수하는 날짜까지 알았던 것을 보면 그들은 정말 주의 깊게 사태를 파악했던 것 같다. 군인들이 철수한 바로 다음날, 120명의 무장 간첩들이 세 척의 배를 타고 울진에서 내려 산으로 올라왔다. 그들 중 몇몇은 산속 마을로 들어가서 주민들을 다 불러 놓고는 미국인들로부터 그들을 해방시켜 주러 왔다고 말했다. 마을 주민 한 사람이 웃음을 터뜨리자 그들은 그 자리에서 그를 쏴 죽였다. 대변인은 말했다.

"이것을 교훈으로 삼아 우리의 말을 똑바로 듣도록! 만약 경찰에 알리면 돌아와서 마을 사람 전부를 쏴 죽이겠다."

그들은 고등학생 한 명을 납치해서 길 안내자와 짐꾼으로 부렸다. 그들은 동해안과 낙동강과 한강 유역 사이에 나 있는 유명한 '빨치산 행로'를 따라 산속으로 사라졌다. 그들이 시야에서 사라지자마자 마을에서 가장 빨리 달리는 사람이 경찰에 알리러 달려갔고, 다음날 군대가 다시 돌아왔다.

국군은 그 지역 전체를 포위했다. 지프와 군용 트럭이 예수원이 있는 곳까지 올라왔다. 군인들은 예수원 앞으로 지나는 길이 빨치산 행로가 있는 산 고개까지 이어진 것을 보고 놀라워했다. 군인들은 황지, 하장, 추동, 임계 지역에 급파되어, 6.25 전쟁 때 쓰던 참호 속에서 야영했다. 각 마을의 향토예비군이 무장한 채 비상 경계를 섰다. 예수원에도 지시사항이 전달되었다. 형제들은 밤낮으로 보초를 서야 했고, 손전등은 사용 금지 되었으며, 이상한 일이 생기면 그 즉시 가장 잘 달리는 사람을 마을로 급파해야 했다. 또 간첩이 나타났을 때에는 빨래를 집 맞은편에 걸어 놓는 것으로 마을 사람들과의 비밀 신호를 삼았다. 특히 매일 아침 부엌에 식량이 없어졌는지 여부를 잘 확인해야 했다. 상황이 어떻게 될는지 아무도 알 수 없었다. 우리는 두려움 가운데 최선을 다해 전시 체제를 갖추었다.

간첩들에 대한 소식이 처음 들려 왔을 무렵 우리를 방문한 손님이 있었다. 그는 주말에 산에서 꿩 사냥을 하려고 헬리콥터를 타고 온 미군 장교였다. 그에게 내려진 명령은 침착하게 사태를 관찰하며, 집 밖으로 나가지 말고, 일절 모습을 드러내지 말라는 것이었다. 그의 주말은 기대와 달리 엉망이 되어 버렸다. 월요일 아침, 아처는 서울에 약속이 있어서 기차를 타고 떠나야 했다. 그 미군 장교는 헬리콥터가 돌아오지 못할 것이라고 생각하고는, 혼자 물어서라도 자기 기지로 찾아가려고 아처와 함께 떠났다. 그러나 헬리콥터는 예정된 시간에 돌아왔고, 자기 승객이 가 버린 것을 안 조종사는 몹시 당황했다!

위험한 외딴 지역 주민들은 마을로 이송되었다. 예수원에는 사람들이 많이 있었기 때문에 하사미로 옮길 필요는 없었지만, 외국인 여자인 나는 마을로 피해야 한다는 전갈이 왔다. 다행히도 조 목사님이 "우리는 같이 있겠습니다"라고 말함으로써 이 문제는 금방 해결되었다.

국군은 예수원으로 집결했다. 그들은 밖에 커다란 솥을 걸어 놓고 식사를 준비했고, 천막과 대기도실 바닥과 화실 다락에서 잠을 잤다. 한 그룹이 자면 다른 한 그룹은 산을 돌며 순찰을 했고, 밤낮으로 교대를 했다. 10명에서 20명 정도의 군인들이 대기도실 바닥에서 자고 있거나, 우리 형제들과 이야기를 나누고 있는 모습을 흔히 볼 수 있었다. 그들은 때로 장난스럽게 악의 없는 농담을 했고, 때로는 열띤 토론을 하기도 했으며, 영적인 이야기를 나누기도 했다. 이 사건은 형제들이 새로운 사람들에게 예수님을 소개하며 성령의 능력을 나눌 수 있는 기회가 되었다.

열여덟 살이 된 벤은 '평화주의자'가 되어 군 복무를 거부할 것인 가를 놓고 고민 중이었다. 그는 "내가 만약 간첩과 직면하게 되면 어떻게 해야 할까?"라고 자문했다. 그러나 그 질문은 우리 마음속에 떠오르는 다른 많은 질문들처럼 대답되지 않은 채 지나갔다. 우리가 모든 필요를 하나님의 돌보심에 맡기면 맡길수록 경험하게 되는 것 처럼 말이다.

한번은 군 장교 한 사람이 우리에게 물었다.

"왜 이렇게 위험한 곳에 사십니까? 덕항산은 이 일대에서 가장 높 은 산이고, 북한 헬리콥터가 쉽게 착륙할 수 있는 곳인데 말입니다."

"하나님이 우리를 이곳으로 부르셨기 때문이지요."

그는 우리의 대답을 탐탁치 않게 여겼다. 이렇게 오가는 말을 듣 고 있던 어린 옌시는 말했다.

"엄마, 나는 하루 종일 엄마만 따라다닐래요. 만약 우리가 죽게 된 다면 난 엄마랑 같이 죽고 싶어요!"

이상하게도 이 말은 나의 마음을 따뜻하게 해주었고, 지금도 이 말만 생각하면 가슴이 훈훈해진다.

국군은 6주 동안 우리가 살고 있는 계곡을 들락거렸다. 갑자기 많 은 군인들이 들이닥치는가 하면, 또 갑자기 죄다 사라지곤 했다. 물 론 그들의 계획을 우리에게 밝힐 수는 없었을 것이다. 어쩌면 그들

자신도 다음에 어떤 지시가 떨어질지 모르는 채, 그저 모든 명령에 즉각 순종할 자세로 용감하게 대기하고 있던 것이었는지도 모른다.

가깝게는 2마일 정도 떨어진 곳에서까지 작은 접전에 대한 소문들이 들려오기 시작했다. 많은 숫자의 간첩들이 국군에 포위된 채 산꼭대기에 갇혀 있었다. 납치되었다가 탈출한 고등학생은, 간첩들이 북한에 '희망이 없다'는 무전을 보내자 '끝까지 싸우라'는 회신이 왔다고 전했다. 국군은 전투를 피하기 위해 간첩들이 도망할 만한 통로를 하나 터 주었다. 탈출을 시도하던 간첩들은 하나씩 죽임을 당했다. 드디어 헬리콥터 부대의 도움을 받아 지상 부대가 간첩들을 소탕했다는 전갈이 왔다. 맞은편 산에서 두 개의 손전등 불빛이 보였고 하사미 마을 반대편에 있는 우리 계곡에서 네 명이 살해되었다는 말이 들리기는 했지만, 우리가 직접 간첩과 맞닥뜨린 적은 한 번도 없었다.

임무는 끝났고, 군대는 철수했다. 그런데 바로 다음날, 산은 다시 한 번 군인들로 뒤덮였다! 이번에는 대령 한 사람이 와서 이야기를 했다. 그의 말로는 군인들이 철수하고 난 다음, 두 명의 간첩이 은신처에서 나와 예수원 반대편 산등성이에 있는 어떤 집에 가서 먹을 것을 구했다고 했다. 그 간첩들은 예수원과 그 집 중에 하나를 선택해야 했는데, 뭐 하는 곳인지도 모르는 산 반대편의 예수원보다는 노부부가 사는 그 집이 낫다고 판단했다! 두 사람은 빨치산의 행로를 따라 북한까지 120마일의 길을 가기 위해 천천히 길을 떠났다 (한 사람이 부상을 당한 탓이었다). 노부부는 이 사실을 경찰에 알렸다.

그 대령은 간첩을 생포할 수 있는 기회가 한 번 더 주어지기를 바라고 있었는데, 그의 바람대로 되었는지는 모르겠다.

나는 그 어려운 시기를 지나는 동안 우리 형제자매들의 안정된 모습을 보고 놀랐다. 그들은 교대로 보초를 섰고, 맡은 일을 해냈으며, 기도 모임에 참석했고, '거의' 혹은 '전혀' 두려움을 나타내지 않았다. 반면에 나는, 인정하고 싶지는 않지만 마음이 편치 않았다. 하룻밤의 절반은 우리를 지켜 달라는 기도를 하고서야 잠자리에 들 수 있었을 정도였다! 만약 남편 같은 믿음이 나에게 있었다면(혹은 낙천적인 성격을 지녔다면), 한 번만 기도하고도 깊은 잠에 빠질 수 있었을 것이다.

"아무 것도 염려하지 말고 오직 모든 일에 기도와 간구로, 너희 구할 것을 감사함으로 하나님께 아뢰라. 그리하면 모든 지각에 뛰어난 하나님의 평강이 그리스도 예수 안에서 너희 마음과 생각을 지키시리라"(빌 4:6-7).

12

징계

간첩들이 소탕되고 국군이 물러가면서, 예수원의 생활은 일상으로 돌아왔다. 새벽 5시에 일어나서 조도를 드리고 성경을 읽고, 정오에 대도를 드리고, 오후 7시에 저녁 프로그램을 가지며, 40여 명의 사람들을 위해 아침에는 밥과 김치를, 점심에는 국수를, 그리고 저녁에는 약간의 반찬을 더한 식사를 차리는 것, 이것이 예수원의 일상적인 생활이다. 기도 시간과 식사 시간 사이에는 힘든 노동이 있었는데, 때로 재미있는 일이나 게임을 하기도 했다. 이것은 전과 같은 생활이었지만, 이제는 간첩들이 산속에 있을 때 경험했던 6주 동안의 불안감 없이 생활할 수 있었다.

우리는 토요일 밤 철야 기도 모임을 계속했다. 이것은 우리 식구들이 처음 성령으로 충만해져서 하나님과 교제하는 것만을 소망하게 되었을 때 시작한 모임이었다. 토요일 저녁 시간은 기도와 찬양을 드리는 가운데 빠르게 지나갔다. 일을 시작하는 종소리도 울릴 일이 없었고 서둘러야 할 일도 없었기 때문에 우리는 충분히 묵상할 수 있었다.

그런데 한번은 그 기도 모임 때, 우리가 지금까지 직면하지 못했던 사실을 조 목사님이 지적했다. 그것은 우리가 빚을 지고 있다는 사실이었다! 아처와 나는 예수원에 있는 사람들에게 생필품을 제공해 주어야 한다고 생각했다. 그래서 그들이 마을의 가게에서 예수원의 이름 앞으로 외상을 달아 놓고 비누나 치약 같은 것을 살 수 있게 했다. 우리는 매달 말일에 그 달의 외상을 갚을 수 있으리라고 생각했다. 또 마을 사람들은 우리와 함께 일을 하며 집 짓는 일을 돕고 싶다고 하면서(이들에게는 일자리가 필요했다), 임금은 아무 때나 주어도 된다고 말했다. 그런데 그들이 일하려면 건축 자재가 있어야 했기 때문에 우리는 돈을 빌려서 자재를 샀다. 이번 경우에도 매달 말일에는 빚을 갚을 수 있을 것 같았다. 그러나 1968년 12월 그 토요일 밤, 빚을 다 갚지 못한 채 몇 달이 지났다는 사실이 명백하게 드러났다.

처음부터 하나님이 "돈이 있는 만큼만 일하고 빚지지 말라"고 말씀하신 것을 알고서도 어떻게 이런 일이 일어나도록 내버려 둘 수가 있었을까? 혼란스럽고 불편한 마음으로 우리는 일이 어떻게 진행되어 왔으며, 언제부터 빚이 쌓이기 시작했는지 알아 보기 위해 아처의 일지를 뒤졌다. 이 일에는 시간이 걸렸다. 만약 우리가 철야

기도를 하지 않았다면 이런 시간을 가지지 못했을 것이고, 하나님이 우리에게 들려 주시는 놀라운 말씀도 듣지 못했을 것이다. 검토 결과는 충격적이었다. 우리는 우리가 빚을 지게 되는 방향으로 잘못 움직였을 때마다, 또 돈을 빌리도록 설득당했을 때마다, 축사에서 이상한 사고가 생겼다는 사실을 알게 되었다.

유오디아라는 소가 새끼를 낳다가 죽었다. 나무에 매어 두었던 수 송아지 아비알반이 발을 헛디뎌서 밧줄에 매달린 채 질식해 죽었다. 처음 얻은 젖소 중 하나인 클로에도 지류에 빠져 다치는 바람에 죽여야 했다. 순종 황소인 페르디난드는 축사에 안전하게 서 있는 줄 알았는데 다리가 부러지는 바람에 도살해야 했다. 이러한 일련의 예상치 못한 사고들을 통해 하나님은 이미 우리에게 경고하고 계셨는데도 우리는 '단순한, 그러나 손해가 큰 우연의 일치'라고만 생각했을 뿐, 주의를 기울이지 않았다. 그러나 이제는 우리의 실수를 명백하게 보게 되었다.

조 목사님이 이 일을 지적한 것은 참으로 다행이었다. 그리고 하나님이 이 일을 기뻐하지 않으시는 그분의 마음을 사람이 아니라 소에게 나타내신 것은 감사한 일이었다. 이제 우리의 실수를 직면하고 바로잡아야 했다. 우리는 그다음 날부터 외상으로 물건을 사지 않기로 했다. 그렇게 할 경우 우리는 건축을 할 수 없고, 여러 번 체면을 잃어야 하며, 더 간소하게 먹어야 하고, 특별 지출을 할 수 없고, 우리의 개인적 소유를 더 많이 나누어야 하며, 우리의 필요를 부인해야 하고, 심지어는 금식까지 해야 했다. 우리는 돈을 쓸 때마다 한

하나님은 빗지는 일을 기뻐하지 않으시는 마음을 소에게 나타내셨다.
－목장에서 내려오는 예수원의 소.

푼 한푼 확인했다. 날마다 딱 그날에 필요한 만큼의 돈이 있었다. "오늘날 우리에게 일용할 양식을 주옵시고." 기적이 계속되었다.

이렇게 몇 달이 지났다. 우리는 더 이상 빚을 지지 않았고 하나님께 기쁘게 순종했다. 우리 가족의 안식년이 다가오고 있었지만, 빚을 다 갚지 않고서는 이 나라를 떠날 수 없다는 것을 알았다. 하나님께서는 우리가 순종할 때마다 날마다 신실하게 우리의 필요를 채워 주셨다. 그러나 지난 몇 달 간 졌던 빚은 다달이 이자가 붙어 더 늘어가기만 했다. 채권자들은 우리가 달아날까 봐 걱정하기 시작했다. 하나님께서 우리에게 확실히 교훈을 주시려고 이렇게 하시는 것일까?

그해 5월, 갑자기 몸이 몹시 아팠다. 나는 미국으로 가야 했다. 그런데 이상하게도 내 비행기 삯만큼의 돈이 생겼다. 또 벤에게는 친척들에게 받은 학비가 조금 있었는데 이제 대학 갈 나이가 되었기 때문에 그 돈을 쓸 수가 있었다. 벤은 오랫동안 계획해 왔던 한반도 탐험을 포기하고 나와 동행하기로 했다. 이렇게 갑자기 예수원과 남편과 어린 두 딸을 두고 떠나야 한다는 사실이 마음아팠지만, 하나님께서 책임져 주시리라는 것을 알았다.

미국 버지니아 주에 있는 병원에서 건강을 회복하고 있는 동안 친구에게서 편지가 왔다. 그녀는 우리 가족이 8월 마지막 주에 애팔래치아 산이 있는 노스캐롤라이나의 아름다운 카누가에서 열리는 CFO에 무료로 참석할 수 있는 기회를 제공했다! 갈 수만 있다면 내가 4년 전에 혼자서 참석했던 그 수양회처럼 놀라운 영적인 회복의 시간이 될 것 같았다. 내가 혼자 수양회에 참석했던 그때, 아처는 한국에서 예수원을 시작할 장소를 찾고 있었다. 그런데 이제 우리 가족이 함께 있을 수 있을 뿐 아니라, 우리의 결혼기념일도 지킬 수 있는 좋은 기회가 생긴 것이다. 작은 시골 집에서 우리 다섯 식구가 일주일 동안 오붓하게 지낼 수 있다니! 하나님은 정말 멋있는 계획을 세우고 계시는 것 같았다! 하지만 과연 내가 이 제안을 받아들일 수 있을까? 하나님께서는 과연 한국에 남겨 두고 온 모든 경제적인 문제를 해결해 주시며 우리가 수양회에 참석할 수 있도록 허락해 주실까? 나는 이 일에 관해 아처에게 편지를 썼고, 그가 바른 결정을 내리도록 하나님이 인도해 주실 것을 믿었다.

그동안 아처는 한국에서 예수원이 제때 모든 빚을 다 해결할 수 있도록 하나님이 도와주실 것을 믿으며 한 걸음씩 나아가고 있었다. 그의 예상대로라면 여름이 끝날 무렵에는 빚을 다 갚을 수 있을 것 같았다. 그렇게만 된다면 마을 학교에서 1학년을 시작한 옌시가 9월에 미국에서 1학년을 시작할 수 있었다. 아처는 CFO에 대한 내 편지를 읽으면서 기도했다.

"주님, 저는 당신께 부탁드릴 자격이 없습니다. 그러므로 이번 한 번만 이 기도를 드리겠습니다. 우리 가족이 8월 말에 CFO에 참석할 수 있도록 허락해 주시면 정말 감사하겠습니다."

하나님이 기도를 들으셨다는 표시는 나타나지 않았다. 그러나 어느 날, 그는 한 가지 사실을 깨달았다. 미국에 가려면 아이들을 데리고 떠나기 열흘 전에 서울에 가서 면역 주사를 맞아야 하며, 그렇게 하지 않을 경우 하나님께서 문을 열어 주신다 해도 그 문으로 들어갈 준비가 되어 있지 못할 것이다.

돈도 없고 하나님의 표시도 없는 상태에서 아처는 서울에 갈 준비를 했다. 억수같이 내리는 비로 강이 불어서 건널 수가 없었기 때문에 아이들을 안은 채 미끄러운 산길을 가야 했다. 여러 날 황지에 나갈 수 없었던 탓에 많은 이들이 생필품을 사러 아처와 함께 길을 나섰다. 조 목사님과 몇몇 형제들이 먼저 출발했으며 아이들을 안고 가는 사람들은 천천히 뒤따라갔다. 황지가 끝나는 곳에서 아처와 아이들은 택시를 잡아타고 기차역이 있는 통리로 갔고, 도중에 조 목사님과 그 일행을 길에서 만났다. 그들은 이미 우체국에 다녀온 후였다. 아처와 아이들이 기차를 타러 뛰어가는 길에 조 목사님이 그동안 밀린 우편물 한 더미를 아처의 손에 쥐어 주었다. 아처는 출발 시간을 불과 몇 분 남겨 두고 겨우 기차에 탈 수 있었다.

옌시와 버니를 옆에 앉히고 자신도 자리에 앉은 아처는 우편물을 뜯어 보기 시작했다. 거의 모든 편지에 수표가 들어 있었다. 어떤 것은 옛 친구들로부터 왔고, 어떤 것은 전혀 모르는 이들에게서 왔다. 이름도 들어 보지 못한 영국의 한 교회는 40달러를 보내 왔다. 이 수표들을 다 합해 보니, 빚을 다 갚고도 한 달 간 예수원을 운영할 수 있을 만한 액수가 되었다!

그러나 아직도 비행기 값은 없었다. 서울에 도착한 아처와 아이들은 얼마 전에 예수원을 방문했던 사람이 운영하는 중국 음식점을 찾아갔다. 그 주인은 벤과 내가 미국에 있는 것을 알았고, 우리 가족이 빨리 합치기를 간절히 바라고 있었다.

"옌시와 버니의 비행기 값은 제가 내고 싶습니다."

그가 말했다.

얼마 후 아처는 다른 일로 채드웰 주교와 만나 이야기를 나누었는데, 놀랍게도 USPG(영국의 선교회)에서 아처가 한국으로 돌아오는 길에 영국에서 한 달 간 강의를 할 경우 세계 일주용 비행기표를 주기로 예산을 세워 놓았다고 했다! 믿을 수 없는 일이었지만 사실이었다. 순식간에 아처는 한국을 자유롭게 떠날 수 있게 되었다. 빚 없이, 자유롭게!

열흘 후 아처와 아이들은 두 번째 면역 주사를 맞고 미국행 비행기를 탔다. 3개월 전에 김포에서 엄마가 비행기에 타는 것을 본 어린 버니는 비행기에 타자마자 "엄마는 어디 있어요?"라고 물었다. 아처와 아이들이 비행기를 여러 번 갈아타 가면서 여러 시간을 여행한 끝에, 벤과 나는 애슈빌 공항에서 걸어 나오는 그들의 모습을 볼 수 있었다. 버니는 아처의 어깨에 타고 있었고, 옌시는 그 옆에서 뛰어오고 있었다. 얼마나 즐거운 광경이었는지! 우리는 카누가로 가서 작은 시골 집에 짐을 풀었고, 많은 친구들의 사랑 넘치는 관심을 받았다.

도착한 지 몇 시간 후 아처는 예배에 참석했다. 그는 토미 타이슨의 설교를 들었다. 토미는 4년 전 CFO에서, 예수님이 모든 인류와 하나가 된 것처럼 아처도 한국 사람들과 하나가 되게 해달라고 하나님께 기도했던 그 사람이었다. 그때 아처는 한국에서 예수원을 지을 땅을 사기 위해 고군분투하고 있었고, 하나님께서는 거기에 참석하고 있었던 사람들과 토미의 기도를 사용하셔서 예수원을 위한 땅 거래를 마무리지으시고 우리에게 승리를 가져다 주셨다.

이번에 토미는 하나님의 사랑에 대해서 이야기했다. 갑자기 지난 8개월 간의 긴장이 아처의 몸에서 빠져 나오기 시작했다.

"해냈습니다! 우린 해냈습니다! 예수님, 감사합니다!"

이 말이 아처의 마음에서 쏟아져 나왔다. 그는 자신이 용서받았다는 사실을 깨달았고, 그의 마음에는 기쁨과 사랑이 넘쳐흐르기 시작했다. 그는 우리의 실수와 불순종을 보여 주시기 위해 하나님이 얼마나 놀랍게 인도해 오셨는지 깨달았다. 하나님은 우리가 만들어 낸 문제가 해결되는 마지막 순간까지 기다리게 하시되, 물질뿐 아니라 치유의 손길을 보내서 그 기간을 놀랍게 버티게 해주심으로써 우리를 훈련시켜 주셨다! 이제 하나님은 우리를 완전히 용서해 주셨고, "마음껏 즐기라!"고 말씀하고 계셨다. 아처는 울었다.

"무릇 징계가 당시에는 즐거워 보이지 않고 슬퍼 보이나 후에 그로 말미암아 연단 받은 자들은 의와 평강의 열매를 맺느니라"(히 12:11).

13
발병(發病)

안식년을 앞두고 있던 1969년, 예수원은 참으로 이상한 겨울을 보냈다. 2월 초에 눈이 왔다. 가는 눈송이가 밤낮을 가리지 않고 하루종일 내리더니, 다음날까지 계속되었다. 눈은 그렇게 꼬박 닷새 동안 내렸다. 나는 '북한 사람들이 눈 만드는 기계라도 가지고 있나?' 하고 생각했다.

제단 뒤에 있는 커다란 창문은 왼쪽 상단 약간을 제외하고는 거의 다 눈으로 덮여 버렸다. 지붕 위에는 3피트 두께의 눈이 쌓였고, 우리 집만큼 지붕이 가파르지 않은 집들은 지붕이 무너지기도 했다. 마당에는 6피트의 눈이 쌓여서 눈을 밀쳐 내지 않고는 도저히 문밖을 나설 수 없을 정도였다.

그즈음 대전에서 온 선생님들이 예수원에 머물고 있었는데, 동굴

1969년, 예수원은 참으로 이상한 겨울을 보냈다.
─왼쪽부터 제인, 옌시, 버니, 발레리, 난희, 샤론. 1969년.

에 가 보려고 하루 더 머물기로 한 날부터 눈이 내리기 시작하는 바람에 우리와 함께 눈 속에 갇혀 열흘을 보내야 했다. 그 기간 동안 그들은 하나님이 지금 무슨 일을 하고 계시는지 궁금해했고(궁금하기는 우리도 마찬가지였다), 우리의 생각과 기도를 함께 나누었으며, 남은 음식을 아껴 먹었고, 눈을 치웠고, 좋은 책을 읽었으며, 코이노니아에 대해 새로운 것들을 배웠다. 마침내 그들은 황지까지 걸어가서 가톨릭 교도인 맥스위니 신부와 식사를 하고, 목욕탕에서 따뜻한 물로 씻은 후에 기차를 탈 수 있었다.

눈이 멈춘 첫날, 마을 남자들이 산돼지를 잡으러 가는 길에 우리 집에 들러 우리가 어떻게 지내는지 보고 갔다. 그들은 눈신(雪靴)을 신고 한 줄로 걸어갔기 때문에 그들이 지나가고 난 후 다져진 눈이 길이 되어서, 그 후로 두 달 반 동안 사용할 수 있었다. 그 길을 가다가 오른쪽이나 왼쪽으로 발을 잘못 디디면 부드러운 눈에 무릎까지 푹 빠지곤 했다.

눈은 하루 동안 멈추었다가 다시 내리기 시작했고, 하루 걸러 하루씩 계속 내렸다. 두 형제가 일주일에 세 번, 등에 지게를 지고 15마일을 걸어 황지로 갔다. 그들은 거기서 하룻밤을 잔 다음, 우편물을 챙기고 쌀과 등유를 사서 걸어 돌아오곤 했다. 나는 딱 한 번 일곱 시간을 걸어, 영국으로 떠나는 발레리를 배웅했다. 그러나 대개는 집에 머무는 가장 편한 길을 택했다. 그것은 신선한 공기를 거의 마시지 못한 채 나무 타는 연기와 등유 연기와 연탄 가스를 들이마시게 된다는 뜻이었다.

이러한 생활을 한 지 두 달 반이 지난 종려주일 밤, 나는 문제가 생겼다는 것을 감지했다. 밤새도록 숨을 쉴 수가 없었던 것이다. 나는 숨을 헐떡이며 기도하면서 누워 있었다. 아침이 되자 그냥 이대로 있을 수는 없다는 것이 확실해졌다. 눈이 내리면서부터는 버스가 다니지 않았고 그 외에 다른 차도 거의 다니지 않았기 때문에, 우리는 하나님께서 지나가는 트럭이라도 잡아 도움을 청하러 갈 수 있게 해주시기를 기대할 수밖에 없었다. 아처와 나는 아침 7시에 천천히 언덕을 걸어 내려왔다. 과연 차가 지나갈까? 그때 갑자기 길 모퉁이에서 버스가 나타났다! 그 버스는 두 달 반 만에 처음 운행하는 버스였다.

"오, 주님을 찬양합니다!"

우리는 황지에서 삼척 병원에 있는 콜롬바 수녀회에 전화를 걸어 나를 받아줄 수 있는지 물어 보았다. 나는 하루 종일 극심한 호흡 곤란을 겪었고 거의 질식할 지경에 이르렀다. 드디어 오후 4시에 우리는 기차와 버스와 택시를 갈아타 가며 삼척 병원으로 갔다. 내게는 천사처럼 보였던 수녀님들이 치료를 시작했고 고통을 덜어 주었다. 이틀 후에는 언제 아팠던가 싶게 상태가 아주 호전되어서 집으로 돌아올 수 있었다.

그러나 일주일 후에 같은 일이 일어났고, 2주 후에 또 같은 일이 일어났다. 네 번째로 서둘러 삼척 병원에 갔을 때, 의사인 에드나 수녀는 미국에 가서 이 천식의 원인에 대한 검사를 받아 보라고 말했다.

물론 나는 특별 기도를 받았고, 하나님이 전에 그러셨던 것처럼 이번에도 기적적으로 고쳐 주실 것을 기대했다. 그러나 이번에는 응답이 그렇게 빨리 오지 않았다. 내 마음은 '주님, 전에도 그러셨던 것처럼 이번에도 낫게 해주세요!' 라고 외치고 있었다. 나는 하나님의 임재를 느낄 수 있었고 하나님이 내 기도를 들으셨다는 것을 알았다. 하나님이 내 마음속에 마치 쏟아 붓듯이 들려 주신 응답은 놀라운 것이었다.

"너는 가장 편한 길을 택하여 신선한 공기 대신 해로운 연기를 들이마셨다. 너는 영적으로 병들 때까지 아무런 저항 없이 세상의 영향을 들이마시는 교회 안의 내 자녀들과 같다. 네가 아플 때에는 네 주위 사람들이 모두 불편해하며 네가 숨을 쉴 수 있도록 최선을 다해준다. 그러나 지상에 있는 내 몸(교회)이 진정한 생명의 근원인 거룩한 호흡(성령)에 연결되어 있지 않아서 고통스러워하며 숨을 헐떡거릴 때는 아무도 눈치채지 못한 채 그것을 정상으로 생각하는구나. 내 몸이 진정한 생명의 근원에 연결되는 것이 네 천식이 낫는 것보다 더 중요하지 않겠느냐?"

이 말씀은 내게 생각할 거리를 주었다. 하나님이 내게 행하신 일들을 진정으로 나누며 다른 사람들이 성령님을 받아들이도록 도움으로써 교회에 새로운 생명을 가져오기 시작한다면, 나를 이 천식으로부터 해방시켜 주겠노라고 말씀하시는 것일 수도 있다는 생각이 들었다.

이번에도 벤이 나와 함께 미국으로 가기로 결정했다. 서울로 가는 기차 안에서 고통이 심해지는 바람에 세브란스 병원에서 열흘을 보내야 했다. 그 시간은 예정된 1년 간의 안식년을 떠나기 전에 많은 친구들을 만날 수 있는 좋은 시간이 되었다. 나는 다시 한 번 하나님의 손길을 느낄 수 있었다. 마침내 의사가 내게 일시적인 효과가 있는 약을 주면서 떠나도 좋다고 했다. 비행기가 김포 공항을 떠나 하늘로 날아오르자 내 폐는 완전히 정상으로 돌아간 것 같았고, 나는 드디어 숨을 제대로 쉴 수 있었다.

우리의 첫 정착지는 시애틀이었다. 거기서 우리는 성 누가 교회의 친구들을 만났다. 그들은 다비드 뒤 플레시스가 설교하는 곳에 나를 데리고 갔다. 예수원을 방문한 적이 있는 그가 인사하기 위해 다가왔을 때 나는 말했다.

"저는 천식을 고치러 미국에 왔는데, 막상 여기 온 후에는 건강이 아주 좋아졌어요. 제가 하나님의 인도를 받아 여기에 있는 동안 무엇을 해야 할지 잘 알 수 있도록 기도해 주시겠어요?"

그는 내게 손을 얹고, 이 평범치 않은 상황 속에서 하나님이 나를 잘 인도해 주시도록 기도했다.

벤과 나는 시부모님을 뵈러 로스앤젤레스로 갔다. 그 지역의 스모그에 폐가 즉각 반응을 나타내기 시작했다. 또다시 숨 쉴 수 없는 상태가 되었다. 노스캐롤라이나에 있는 언니 집에 도착했을 때는 상태가 매우 좋지 않았다. 나는 아름다운 애팔래치아 산맥에 있는 언니 집에서 쉬면서 건강을 회복할 작정이었는데, 며칠 간격으로 병원 응급실로 달려가야만 했다. 결국 의사인 남동생이 버지니아 주에서 전화를 걸어 대학 병원에 와서 종합 검진을 받으라고 했다.

그 병원의 전문의는 천식에는 감염, 알레르기, 긴장의 세 가지 원인이 있다고 했다. 감염 문제는 바로 약으로 해결됐고, 알레르기 검사는 별 소득이 없었다. 가능한 모든 병에 대한 검사를 받았지만 나는 퍽 건강한 것으로 나타났다. 그러나 이 '천식의 영'은 떠나지 않았고, 나는 여전히 아주 아팠다. 긴장에 대한 검사를 하는 것 외에는 이제 다른 길이 없었다. 동생은 정신분석학자가 나와 면담하게 될 것이라고 알려 주면서, 언짢아하지 말라고 했다.

그 학자는 매우 친절한 사람이었고 나는 그와 이야기하는 것이 즐거웠다. 그는 한국에서의 내 생활에 대해 갈수록 많은 질문을 했고, 내 비밀을 하나씩 끄집어 내는 과정에서 들은 말들을 다 기억하는 것 같았다. 드디어 그는 말했다.

"그러니까 당신의 말은 한국에서 당신이 살고 있는 산속에 6주 동안 간첩이 있었고, 당신의 아들은 양심적 병역 거부자이기 때문에 감옥에 갈 수도 있다는 것 외에는 모른다는 것입니까? 남편과 아이들은 멀리 한국에 있는데, 빚을 갚을 돈과 그들이 미국으로 올 경비, 그리고 예수원을 계속 운영할 만한 돈도 어디서 구할지 모른다는 뜻입니까? 또 미국에서 1년 간 살 계획이지만 어디에서 살 것인지도 모르고, 여기에 있는 동안 어떻게 생활비를 벌어야 할지도 모른다는 말이구요. 제가 보기에는 이 모든 것이 충분히 긴장을 유발할 만하군요."

나는 부드럽게 말했다.

“하지만 제가 그 때문에 걱정한다고 생각하진 않아요. 인생은 언제나 그런 것이잖아요. 상황은 늘 우리가 감당할 수 없을 만큼 어렵지만, 하나님께서는 모든 것을 아주 잘 해결해 주신답니다.”

“글쎄요, 저는 하나님을 모르니 더 이상 당신을 도울 수 없을 것 같군요.”

그는 자리를 떠났다. 그러나 그와 함께 들어왔던 젊은 인턴은 그 자리에 남아서 나와 함께 하나님에 대해 이야기하며 즐거운 시간을 보냈다! 그 정신분석학자는 보고서에 특별히 문제가 될 만한 점은 발견하지 못했다고 기록했다.

하나님은 참으로 이 모든 것을 해결해 주셨다. 한국에서 어떻게 재정 문제가 놀랍게 해결되었는지는 앞장에서 이미 이야기했다. 그런데 하나님은 미국에서도 일하고 계셨다. 그 병원에 있는 동안 그 지역 성공회 신부님이 우리의 옛 친구라는 것을 알게 되었다. 그는 나를 방문해서, 아처가 미국에 머무는 1년 동안 그가 개척한 교회 일을 도와줄 수 있겠느냐고 물었다. 이 새 교회는 바로 노스캐롤라이나의 샬롯에 있었다! 그곳은 내 부모님이 계신 곳과 가까워서 우리가 가장 가고 싶어하는 지역이었다. 그 교회는 아처를 임용했고 ‘수도원 아파트’라고 부르는 아름다운 곳에서 살 수 있게 해주었다. 벤의 문제도 해결되었다. 그는 대학에 가기 전에 군복무 대신 ‘대체복무’를 할 수 있다는 것을 알게 되었다.

천식은 경미한 상태로 계속되었다. 그러나 우리는 가족 한 사람 한 사람에게 모든 것이 완벽하게 준비된 멋진 안식년을 보냈다. 아처에게는 반나절만 근무하는 즐거운 일이 있었고, 나머지 시간에는 여행을 다니면서 한국의 일과 관련된 다른 프로젝트를 진행할 수 있었다. 아이들은 학교에 다녔고, 나는 많은 그림을 그렸으며, 친구와 친척들과 더불어 멋진 교제를 나누었다.

그러나 한국에 돌아갈 때가 되자 마치 무슨 신호처럼 천식이 다시 악화되었다. 나는 내가 한국을 떠나올 때와 동일한 상태로 돌아갈 수는 없다는 것을 알았다. 하룻밤 사이에 우리는 힘든 결정을 내려야 했다. 아처는 무료로 비행기표를 얻은 조건에 따라 옌시와 함께 영국을 거쳐 한국으로 돌아가야 한다는 것을 주님은 보여 주셨다. 버니와 나는 미국에 남아서 내가 계속 치료받을 수 있는 방안을 찾아야 했다.

"이는 내 생각이 너희 생각과 다르며 내 길은 너희 길과 다름이니라……"(사 55:8).

"하나님의 도는 완전하고"(시 18:30상).

14

치유의 시간

세계를 다니며 험한 모험을 할 때에도 아처가 늘 우리 가족이라는 작은 배의 키를 잡고 있었기 때문에 나는 마음이 든든했다. 천식을 치료하기 위해 갑자기 미국으로 떠나야 했을 때는 열여덟 살 난 벤이 나의 키잡이가 되어 주었다.

안식년이 끝날 무렵, 아처와 옌시와 버니와 나는 한국의 집으로 돌아가는 길에 영국과 아시아를 거쳐 멋진 여행을 할 수 있기를 기대했다. 그러나 그 일은 무산되었다. 우리가 떠나기로 한 바로 전날 갑자기 천식이 악화되어, 출발하기로 했던 날이 곧 이별의 날이 되고 만 것이다. 아처와 옌시는 영국의 일정을 따라야 했고 예정된 시간에 예수원으로 돌아가야 했다. 벤은 노스캐롤라이나에 있는 러더포드튼에서 병역 대체 복무를 하고 있었다. 순식간에 계획도 키잡이도 없이 버니와 나만 덩그러니 남게 되었다. 이렇게 갑작스러운 계획의 변경은 우리 네 사람 모두에게 충격을 주었다. 그러나 다른 방법이 없어 보였다.

세 살 난 버니와 나에게 계획은 아무것도 없었지만, 목적은 있었다. 그것은 가능한 한 빨리 내 천식을 치료하고 한국으로 가는 것이었다. 1년 동안 약도 많이 먹었고 기도도 많이 받았다. 그러나 분명한 것은 아직도 내가 고통을 받고 있다는 것이었다. 계속해서 약을 먹어 보아야 할까, 아니면 이렇게까지 치료가 지연되고 있는 좀 더 근본적인 원인을 찾아야 할까? 겉으로 보기에는 불행한 일이었지만, 나처럼 하나님의 은혜를 많이 체험한 사람이 절망한다는 것은 잘못된 일이었다. 예수원을 개척할 때 벤이 우리 일을 도우면서 자주 하던 말이 있었다.

"이 어려운 상황을 통해서 하나님이 제게 준비시키고자 하시는 것이 무엇인지 알고 싶어요!"

나도 벤과 같은 말을 하면서 이 기간을 성숙과 준비의 시간으로 삼을 수 있을까? 이 생각이 떠오르자마자 다른 건설적인 생각들이 밀려들기 시작했다.

'이제 어머니와 친척들과 시댁 식구들을 더 자주 볼 수 있을 거야! 친구들에게 주려고 시작한 그림을 끝낼 수도 있고. 수양회에 오라는 아그네스 샌포드 여사의 초청도 받아들일 수 있잖아!'

샌포드 여사는 수양회에 오라고 내게 돈까지 보내 주었지만, 그때쯤이면 한국으로 돌아가야 했기 때문에 못 간다고 말해 놓은 상태였다. 사실 그녀의 초청을 거절하는 것은 쉬운 일이 아니었다. 훌륭한 성경 선생이자 성령 은사 운동 지도자인 샌포드 여사는 12년 전에 주님과 함께 내 영적인 생활을 완전히 바꾸어 놓은 사람이었기 때문이다. 그때 나는 그녀의 기도를 통해 기적적으로 후두염을 치료받았고, 마음속에 있던 과거의 아픈 기억을 치유받았으며, 성령 세례를 받았다. 그런데 이제 기쁘게도 그녀의 사역을 통해 도움을 받을 수 있는 이 새로운 기회를 포기하지 않아도 될 상황이 된 것이다.

나는 이런 생각을 내게 보여 주신 하나님을 찬양했고, 그가 다른 일도 다 해결하셨다는 것을 깨달았다! 우리가 교회에서 마련해 준 좋은 아파트에서 나왔을 때, 한 친구가 자기 집으로 우리를 초대했다. 이 고마운 친구는 나와 버니가 원하는 만큼 그곳에 머물러도 된다고 했다. 그래서 수양회에 참석할 때까지 그 집에 머물면서 나는 그림을 그렸고 버니는 근처에 있는 놀이방에 다녔다.

치료의 열쇠를 가지고 있을지도 모르는 그 친구를 만나러 내가 펜실베이니아에 가 있는 동안 버니는 언니 집에서 돌보아 주기로 했다. 수양회 장소에 도착했을 때 나는 놀라운 흥분을 느꼈다. 바로 12년 전과 똑같은 느낌이었다. 사람들은 “하나님이 이번에는 어떤 일을 하실까요!” 하고 말했다. 이처럼 모든 이들이 하나님의 역사를 기대하고 있었기 때문에 그분은 어느 때보다도 자유롭게 팔을 움직이실 수 있을 것 같았다.

샌포드 여사에게 개인적으로 기도를 요청하는 이들이 그 어느 때보다 많았다. 그럼에도 불구하고 그녀는 친절하게도 내게 "당신의 천식을 치료해야겠어요. 이건 아주 중요한 일이예요!"라고 말했다. 그리고 이렇게 덧붙였다.

"시간이 걸릴 수도 있어요. 근원을 찾기가 쉽지 않거든요."

이번 기도는 전처럼 직접적이고 기적적인 것이 아니라 좀 더 묵상적인 것이었다. 그녀는 예수님이 내 잠재의식 속에서 일하셔서 나의 숨겨진 갈등들을 드러내 달라고 간구했으며, 내가 하나님을 실제적으로 느낄 수 있게 하심으로써 하나님 안에서 쉼을 얻고 안정을 누리게 해달라고 기도했다. 그녀의 기도는 계속되었고 나는 하나님의 임재 속으로 끌려들어가는 것 같은 느낌을 받았다. 하나님이 나를 치유해 주시리라는 확신이 들었다.

그날 밤 꿈을 꾸었다. 나는 도시의 어두운 빈민가에 있었다. 술주정뱅이들이 길에 누워 있었다. 누군가 날카로운 칼로 내 심장을 겨누며 다가왔다. 처음에는 놀랐지만, 천천히 손을 들어 칼을 받아들었다. 그리고 그 칼날의 예리함에 감탄하고는 다시 그에게 돌려 주었다. 그는 어둠 속으로 사라졌다. 나는 이렇게 똑같은 꿈을 세 번이나 꾸었다!

아직도 꿈이 생생한 상태에서 깨어난 나는 이게 도대체 무슨 뜻인지 궁금했다.

'난 분명히 무언가를 두려워하고 있어. 그런데 하나님은 내게 두려워할 필요가 없다고 말씀하고 계시는 거야.'

나는 내가 두려워하는 것이 무엇인지 생각해 내려고 애썼다. 딱 한 가지 일이 떠올랐다.

'그래, 간첩이야!'

그렇다. 겉으로는 태연한 척하고 있었지만 나는 아직도 그들을 두려워하고 있었다. 간첩들이 산에 있던 6주 동안 나는 한 번도 무서운 마음을 드러내지 않았고 아무렇지도 않은 척하려고 애썼다. 그런데 지금 하나님께서는 내가 이 두려움을 고백해야 그것을 해결할 수 있다고 말씀하시는 것일까?

나는 샌포드 여사에게 내 꿈과 내가 생각하는 해석에 대해 이야기했다. 그녀는 내 말에 동의했다.

"그래요. 그 문제는 아주 중요한 것입니다."

수양회가 끝날 무렵 성찬식이 있었고, 샌포드 여사는 나와 나의 두려움을 전체 예배의 특별한 주제로 삼았다. 나는 거기에 모인 모든 사람들에게 나의 두려움을 고백했고, 그들은 내게 손을 얹고 용서와 치유를 위해 기도해 주었다. 나는 하나님의 놀라운 관심과 사랑과 오래 참으심을 깨닫고 울었다. 많은 사람들이 개인적으로 기도를 해주었다. 하나님은 사랑과 능력으로 문제가 해결될 수 있는 환경 가운데에서 내 안에 숨겨진 결함을 드러내셨다. 하나님은 이렇게 해서 내가 두려움 없이 한국으로 돌아갈 수 있도록 준비시키고 계셨다.

수양회가 열리고 있던 어느 날 점심 시간에 한 여성이 내게 와서 말했다.

"당신의 천식 치료를 도울 수 있는 영적 상담자 두 분을 알고 있어요. 보스턴에 오시면 그분들께 모시고 가지요.”

나는 수양회가 끝나는 대로 내가 좋아하는 휴양소로 갈 계획이었다. 한 친구도 나를 만나서 같이 가기로 했는데, 우리는 그곳에 가는 길에 보스턴에서 주말을 보내야 했다. 때와 장소가 모두 알맞았다.

그 여성은 보스턴에서 우리를 만나 케이와 주디라고 하는 두 명의 상담자에게 데리고 갔다. 이 두 여성은 병중에 있을 때 기도로 서로를 돕던 사람들이었는데, 자신들이 다른 사람을 위해서 함께 기도할 때 하나님께서 일하신다는 것을 발견했다. 그리하여 그 두 사람은 자신들이 도왔던 많은 이들과 더불어 예수 공동체(Community of Jesus)를 이루게 되었다.

내 친구인 제인과 루이스는 케이와 주디에게 내 천식에 대해서 이야기했다.

“한국에 있을 때 눈이 너무 많이 내려서 몇 주일 동안 집 밖으로 나가지 못했대요.”

그들이 더 설명하려 하는데, 주디가 말을 막았다.

“언제 처음 눈을 보았나요?”

“어려서 버지니아 주에 살 때였을 거예요.”

나는 아무 생각 없이 대답했다.

“그 애기를 좀 더 해주세요.”

나는 잠시 머뭇거리다가 유년기에 버지니아 주에서 할머니와 이모, 삼촌과 함께 살던 이야기를 했다. 겨울은 매우 추웠고 눈이 많이 내렸다. 나는 썰매를 탔는데 정말 재미있었다. 주디는 더 이야기 해보라고 했고, 나는 이모에 대해서 많은 이야기를 했다. 이모는 내게 어머니 같은 분이었으며 내 인생의 진정한 빛이었다. 이모는 나의 모든 필요를 채워 주었다. 이모 같은 사람은 세상에 다시 없었다. 그때 갑자기 주디가 물었다.

"첫아이가 딸이었나요?"

"아니오, 아들이었어요."

"크게 기뻐하셔야 해요. 만약에 첫애가 딸이었다면 이모와 당신 사이처럼 만들려는 욕심에 애를 완전히 버려 놓았을 거예요!"

이런! 주디는 어떻게 내가 딸을 원했고, 딸에 대한 꿈을 꾸었으며, 딸에게 들려 줄 노래를 짓고, 딸을 나의 가장 친한 친구로 만들려 했다는 것을 알았을까? 그랬다. 나는 이모와 내가 누렸던 그 행복한 관계를 조금이라도 회복하고 싶었다. 그래서 하나님께서는 내가 딸을 낳으면 그 아이를 망치리라는 것을 아시고 아들을 주신 것이다. 다행히도 나는 아들에 대한 계획은 없었기 때문에 아이에게 상처를 주지 않을 수 있었다. 그 생각을 하니 웃음이 나왔다. 나는 이 일을 케이와 주디에게 이야기했다.

옌시를 생각하니 또 웃음이 나왔다. 우리가 옌시를 입양했을 때, 나는 내가 만들 수 있는 딸아이의 모습을 몇 가지 그리고 있었다. 하지만 옌시가 너무나 놀라움으로 가득 찬 아이였기 때문에 내 마음대로 만들 수 없다는 것을 깨닫고는 일찌감치 포기했다. 나의 마음 상태를 아시는 하나님께서 우리에게 딱 맞는 아이를 택해 주셨

"만약에 첫애가 딸이었다면 애를 완전히 버려 놓았을 거예요!" —첫아들 벤을 낳고. 1950년.

던 것이다.

버니를 생각하면서 나는 또 한 번 웃었다. 버니는 내가 내 생각대로 만들어 가며 버려 놓기에 알맞는 아이였을지도 모른다. 그래서 하나님은 버니가 다치지 않도록, 내가 마흔다섯 살이 되어 그런 것에 더 이상 신경쓰지 않게 될 때까지 기다리셨다가 그 아이를 주신 것이다. 이것은 참 재미있으면서도 적합한 일이었다! 나를 너무나 잘 아시고 너무나 사랑하시는 하나님께서 내가 잘못하지 않도록 지켜 주신 것이다! 하나님께서는 처음부터 끝까지, 또 끝에서 처음까지 전부 알고 계셨다. 이 사실을 깨달은 나는 놀라울 만큼 마음이 편안해졌다. 하나님의 손이 내 평생에 나와 함께하셨다. 이것은 분명히 나의 훌륭한 이모님이 나를 위해 기도해 주신 덕분이다.

성령의 인도를 받아서 한 사람은 기도하고 한 사람은 계속해서 내게 질문하는 가운데, 또 한 가지 사실이 드러났다. 내가 열한 살 때였다. 나는 크고도 정돈이 잘 되어 있는 할머니의 집을 떠나, 부모님이 사시는 집으로 이사했다. 그 집은 작고 복잡해서 정돈하기조차 어려운 집이었다. 그때의 좌절감이 지금까지 남아서 예수원 생활을 어렵게 만들고 있었다. 나는 항상 모든 것을 정돈하려고 애썼다. 그러나 예수원과 같은 환경에서는 그것이 불가능했다. 부활절 손님들을 위해 아무것도, 잠자리도, 특별한 음식도 준비할 수 없었을 때, 아마도 내 안에 있던 어떤 것이 이 좌절감에 반응을 일으켜 천식의 형태로 그 모습을 드러냈던 것 같다. 어릴 때의 일이 예수원 생활에 끼어들어 해를 끼치게 하다니, 얼마나 어리석은 일인가!

나는 그제서야 아처가 “괜찮아. 실컷 대접받으려고 여기 오는 사람은 없으니까. 사람들은 예수님을 만나러 이곳에 오는 거야”라고 말한 것이 옳았다는 것을 깨달았다. 그 말을 들은 당시에는 “당신은 이해 못 해요!”라고 말했었다. 그러나 이제 나는 자신을 이해하기 시작했고, 내 상황을 있는 그대로 받아들이며 손님들이 오는 것을 즐길 수 있는 자유를 얻게 되었다.

이 모든 것이 30분 간의 면담 시간 동안 일어났다. 성령님은 내게 참으로 많은 것을 가르쳐 주셨다. 기도 후 주디는 말했다.

“시작이 참 좋군요. 하지만 아직도 남아 있는 것이 많아요.”

이 탐색에서 배울 수 있는 것이 정말 더 있을까? 분명히 그럴 것이다. 천식은 그때까지도 낫지 않았으니까!

“그러나 진리의 성령이 오시면 그가 너희를 모든 진리 가운데로 인도하시리니”(요 16:13상).

15

깨달음

나의 탐색이 그처럼 놀라운 사실들을 보여 주었고 나의 사랑하는 이모가 여전히 기도하고 계셨기 때문에, 그리고 내 천식이 아직도 치료되지 않았기 때문에, 나는 "내가 더 배울 것이 틀림없이 있을 거야!"라고 말할 수 있었다.

예수 공동체에 있는 형제자매들은 매일의 삶과 실패와 승리의 이야기를 손님들과 나누었다. 예를 들어 아침기도 시간에는 한 자매가 그날 읽은 성경 본문에 감동을 받아 케이와 주디에게 자신의 잘못된 태도에 대해 울면서 고백했다. 그녀는 용서를 받았고 그날 하루 종일 공동체 일원들을 사랑하는 마음으로 빵을 구웠다. 오후 늦게 우리가 모래사장에 앉아 있을 때 그녀는 말했다.

"하나님은 오늘 제 곁에 참 가까이 계세요. 그분이 제게 노래를 하나 주셨답니다!"

그녀는 '하나님의 아들 예수님을 통해서 하나님의 얼굴을 볼 수 있다'는 가사를 붙인 아름답고도 명랑한 노래를 불렀다. 가까이 앉아 있던 자매들이 화음을 넣기 시작했고, 연습을 하지 않았는데도 천상의 노래처럼 완벽한 음악이 울려 퍼졌다.

이 공동체에는 일하는 시간과 노는 시간도 있었는데, 모든 것이 예수님의 임재 안에서 이루어졌다. 그들은 하나님의 선하심을 나누었고, 자신들이 하나님의 종으로서의 부르심에 충실하고자 했을 때 그분이 각자에게 보여 주신 바를 공개적으로 나누었다. 지도자인 케이와 주디도 서로의 갈등을 공개적으로 이야기했다. 그들은 여러 번 자신을 향해 죽어야 했고, 공동체 생활 속에서 하나님과 서로에게 복종해야 했다.

그들은 이런 문제들을 교육 시간에 연결해서 다루었기 때문에, 우리 방문객들은 이들의 영적인 성장을 생생하게 볼 수 있었다. 우리는 우리의 연약함과 좌절감을 인정하고 하나님의 용서와 치유를 받아야 했다. 이러한 분위기 속에서는 누구라도 자신의 '가면' 속에 숨어 있을 수가 없었다. 나는 한 자매에게 솔직하게 말하지 않을 수 없었다.

"어제 제가 만든 케이크의 장미 장식이 잘 된 것을 보고, 전에 해본 적이 있느냐고 물으셨지요? 그때 제가 해본 적이 없다고 한 것은 거짓말이었어요. 사실은 한 번 해본 적이 있었지요. 정말 죄송합니다. 용서해 주세요."

문은 열렸고 나는 용서와 사랑을 받았다. 내 방에서 홀로 있을 때 나는 예수님께 "이곳에서 저의 예수원 생활에 대해 보여 주고 계시는 것이 무엇입니까?" 하고 물었다. 그러자 내가 예수원에서 경험했던 좌절감들이 하나씩 생각났다. 하나님이 그 하나하나에 대한 그분의 목적을 보여 주시는 가운데, 나는 긴 목록을 만들기 시작했다.

나는 모든 것이 아름답게 잘 정돈된 저택에서 살고 싶다. 그러나 하나님은 질서라고는 찾아 볼 길이 없는 초라한 야영 생활을 하게 하심으로써, 눈을 들어 나무와 꽃과 산과 별과 강에서 하나님의 아름다움과 질서를 보며 창조의 위대함을 즐기게 하셨다.

나는 손님을 위한 집을 꾸려 나가면서, 손님들에게 좋은 음식과 깨끗한 침대를 제공하고 싶다. 하나님은 나를 그런 집에 두셨다. 그러나 그 손님들은 맨바닥에서 자야 하고 그야말로 간소한 음식을 먹어야 한다. 하나님은 그들이 실컷 대접받기 위해서가 아니라 하나님을 만나러 오는 것이므로 우리가 갖추어야 할 것은 오직 그분 자신이며, 그분이 빛을 비추시게 해야 한다고 말씀하신다.

나는 안정을 원한다. 그러나 하나님은 당장 내일의 양식이 어디에서 생길지, 또 무슨 일이 일어날지 모르는 상황에서 살게 하셨다. 이것은 세상의 모든 돈과 지혜를 가지고 계신 하나님께서 위대하고도 경이로우며 결코 실수하지 않는 나의 보호자임을 가르치시기 위해서이다.

나는 주위 사람들과 이야기를 나누고 싶다. 하지만 한국어를 배울 수가 없었다. 하나님은 그래도 괜찮다고 하신다. 내가 앞에 서서 설교하고 가르친다면, 지금 주로 하고 있는 많은 뒤치다꺼리들은 무시해 버리게 될 것이다.

나는 내 아이들에게 최선을 다하고 싶다. 예를 들어 아이들을 학교에 보내고 싶다. 그러나 우리는 아이들을 학교에 보내지 못했다. 하지만 벤이 우리와 함께 4년 동안 예수원 세우는 일을 돕고, 통신 과정으로 고등학교 과목을 공부하며, 아버지에게 계속해서 질문하며 답을 얻고(두 사람 사이에는 세대 차이가 없다), 하나님께서 우리의 모든 필요를 채워 주시며 사람의 마음을 바꾸시고 기적을 일으키시는 것을 보면서 실제 생활 속에서 그분을 만나는 것보다 더 좋은 교육은 없었다. 우리의 환경은 벤의 교육을 해친 것이 아니라 오히려 더 북돋아 주었다. 벤이 지망한 대학은 그가 한국의 산속에서 자랐다는 사실에 흥미를 느껴서 그를 받아들였다. 벤은 입학원서에 부모님이 '가난의 서약'을 했다고 적었기 때문에 그들은 벤에게 장학금을 주었을 뿐 아니라 용돈을 벌 일자리까지 구해 주었다. 그리고 벤 자신이 예수원에서 자기의 주님이자 주인되신 살아 계신 하나님을 만났다고 말했다.

나는 마음이 약한 사람이다. 그런데 하나님은 하룻밤 새에 성자로 변할 리가 없는 깡패들이 있는 곳, 간첩들이 배회하는 곳에 나를 데려다 놓으셨다. 하나님은 나를 완벽하게 보호하시는 그분께 의지하는 법과 그 능력과 힘에 의지하는 법을 가르치기 위해 이렇게 했다고 말씀하신다.

나는 아름다운 그림을 그리는 데 많은 시간을 쓰고 싶다. 하지만 나의 시간은 예수원에서 계획을 세워서 하는 일들이나 예상치 않게 튀어나오는 일들로 꽉 차 버린다. 하나님은 그분과 나, 그리고 공동체의 모든 이들이 다함께 새롭고 아름다우며 살아 있는 그림을 그리고 있다고 말씀하신다. 하나님의 마음속에는 그 그림이 이미 완성되어 있으며, 때가 되면 나에게도 보여 주실 것이다. 그 그림을 보게 될 때 하나님의 새로운 창조에 내가 조금이나마 사용될 수 있었다는 것에 놀라며 기뻐하리라는 것을 나는 안다.

목록은 연이어졌다. 나는 내가 좌절을 경험했을 때마다 그 이면에 나를 위해 특별히 마련해 두신 진정한 의미가 없었던 적은 단 한 번도 없었다는 것을 발견했다. 어떻게 이처럼 나를 사랑하실 수 있을까? 마치 하나님이 나만을 위해 예수원을 지으신 것 같았다. 나의 모난 부분들을 깎아 내고 그분이 원하는 모습으로 빚으시기 위해서 예수원을 사용하시는 것 같았다.

이 모든 놀라운 발견을 케이와 주디와 나누었을 때 그들은 내게 손을 얹고 큰 능력으로 기도해 주었다. 그들은 하나님의 온전케 하시는 사역에 감사를 드렸고, 자궁 안에 있는 아이처럼 안전하게 한국으로 돌아가게 해달라고 간구했다. 그들은 내가 마치 예수님의 자궁에 있는 것처럼 근심으로부터 자유롭고, 완전한 보호를 받으며, 예수님과 평화를 누리는 가운데 그분께 모든 것을 맡기게 해달라고 기도했!

그날 오후 몇몇 자매들이 나에게 수영하러 가자고 제안했다. 나는 '별로 가고 싶지 않아. 수영하지 않은 지 벌써 몇 년이나 되었는걸!'

마치 하나님이 나만을 위해 예수원을 지으신 것 같았다. —시온 건물 측면 일부.

하고 생각했다. 그러나 곧 생각을 바꾸었다.

'저 따뜻한 바닷물 속에 들어가 있으면 마치 예수님의 자궁에 들어가 있는 것 같을 거야. 그건 내가 받은 기도가 실제로 이루어진다는 사실에 인을 치는 것과 같겠지. 그래, 가야겠어.'

내 생각대로 되었다.

"다만 이뿐 아니라 우리가 환난 중에도 즐거워하나니 이는 환난은 인내를, 인내는 연단을, 연단은 소망을 이루는 줄 앎이로다"(롬 5:3-4).

16

귀향

케이프코드에 있는 예수 공동체에서 놀라운 사실들을 깨닫고 돌아온 나는 언니 집에 가서 버니를 데리고 펜실베이니아의 몬트로즈로 갔다. 거기서 나는 우리 가족이 여러 해 동안 휴가를 보내던 작은 오두막집에 자리를 잡고, 조용한 환경 속에서 한국으로 돌아갈 준비에 전적으로 집중할 수 있었다. 처리해야 할 서류 업무가 많았고 그림들도 끝내야 했다. 그 그림들을 팔아서 나와 버니의 비행기 표를 사야 했기 때문이다. 그 돈은 내가 한국으로 돌아가는 데 꼭 필요한 세 가지 요소 가운데 하나였다. 나머지 두 가지는 천식이 치료되는 것과 내가 맑은 공기를 마실 수 있도록 아처가 예수원에 전기난로를 설치해서 천식이 재발하지 않게 하는 것이었다.

예수원에서 편지가 왔다. 아처는 어린 옌시가 영국에서 아주 흡족

한 여행 동반자가 되었다면서, 옌시가 자기 짐을 직접 들고 다니느라 팔에 알통이 생겼다고 했다. 예수원에 돌아갔을 때, 두 사람은 현수막까지 동원한 큰 환영과 사랑을 받았다. 예수원은 발전기를 설치했고, 형제들은 전기난로 만드는 법을 배우고 있었다. 아처는 오랄 로버츠(Oral Roberts)가 쓴 〈믿음의 씨앗〉(*Seed Faith*)이라는 책을 읽고 도움을 많이 받았으니 나도 구해서 읽어 보라고 했다. 신기하게도 바로 그날 한 친구가 우리 집에 놀러 와서 그 책을 나에게 주었다!

나는 그 책을 읽었다. 그런데 그중에 내 마음과 영혼을 찌르는 구절이 있었다.

"당신이 기적을 위해 기도하고 있다면, 기적을 받을 준비를 하십시오. 그렇지 않으면 기적은 그냥 당신을 지나쳐갈 것입니다!"

나는 한국으로 돌아갈 수 있도록 세 가지 기적을 위해 기도하고 있었다. 그러나 참으로 그 기적을 받아들일 준비가 되어 있었던가?

이 글을 묵상하고 있는 동안 며칠 전에 전화로 나누었던 대화가 생각났다. 친구 루신다가 장거리 전화를 해서 약 한 시간 정도 이런저런 이야기를 나눈 적이 있었는데, 그녀가 "나랑 성지 순례를 함께 가면 네가 한국으로 돌아갈 수 있도록 도와줄게. 이번 여행은 네 천식 치료에 도움이 될 거야"라고 말했던 것이 기억난 것이다. 그 때 나는 "성지 순례는 갈 수가 없어. 내가 할 수 있는 일은 한국으로 돌아가는 것뿐이야"라고 말했었다. 생각도 여러 가지로 복잡했고, 중동에서 비행기가 공중 납치되는 와중에 그런 여행에 관심을 가질 수

집에 돌아온 아처와 옌시는 큰 환영과 사랑을 받았다. —예수원 안뜰에서. 1970년.

가 없었던 탓이었다. 그런데 이제 "네가 한국에 돌아갈 수 있도록 도와줄게!"라는 루신다의 말이 새삼 생각난 것이다. 하나님이 이것을 통해 내게 말씀하시는 것은 아닐까? 이것이야말로 내게 필요한 기적 가운데 하나인데 놓치고 있는 것은 아닐까?

하나님은 전에도 나를 위해서 루신다를 사용하신 적이 있었다. 그런데 이번에도 그녀를 사용하셔서 나를 한국으로 돌려보내 주시고, 그 길에 놀랍고 신나는 여행까지 할 수 있도록 인도하시는 것은 아닐까? 그렇다면 그것은 정말 하나님다운 일이었다. 하나님은 내가 요구하거나 상상한 것 이상을 주시는 분이었다. 나는 하나님이 나를 위해 계획한 것일 수도 있는 이 여행에 관심을 가지기 시작했고, 만약 루신다가 다시 전화해서 물어 본다면 적어도 생각은 해보아야겠다고 결심했다.

2주가 지나도록 루신다는 전화하지 않았다. 나는 몬트로즈에서의 일정을 정리하고 남쪽으로 갈 계획이었다. 그런데 그 집을 떠나기 바로 전날인 금요일 이른 아침, 전화가 왔다. 약 한 시간 정도 통화한 끝에 드디어 루신다가 말했다.

"네가 나와 함께 갈 수 있으면 좋겠는데."

"지금 뭐라고 그랬니?"

나에게 갈 마음이 있다는 것을 안 루신다는 깜짝 놀랐다. 우리는 단 몇 분 안에 비자, 입국 심사, 사진, 돈, 만날 장소 등의 문제들을 결정했다. 전화를 끊고 나서 나는 힘없이 주저앉았다. 내가 대체 무슨 일을 하고 있는 것일까? 정말 이 여행을 제대로 준비할 수 있을까? 이것이 무모한 짓은 아닐까? 정말 하나님의 계획이 맞을까?

그 후 사흘 동안 나는 내 결정대로 밀고 나가면서 원수가 나를 낙담시키지 못하게 하려고 노력했다. 그 사이에도 내 기분은 여러 번 오르락내리락하기를 반복했다. 나는 내 결정에 대한 확신을 얻기 위해서 언니에게 전화했다. 언니는 남편에게 묻지도 않은 채 그런 위험한 여행을 가는 일은 하지 않았으면 좋겠다고 하면서, 그래도 굳이 가겠다면 버니를 돌봐 주겠다고 했다. 이 말은 나를 낙담시켰다.

나는 벤에게 전화를 해서 계획이 변경된 것을 알렸다. 벤은 "나도 같이 가고 싶어요!"라고 말했다. 이 말은 격려가 되었다.

버니가 치과 진료를 받기로 예약해 놓은 날, 치과에 갔더니 의사가 심장마비로 급사했다고 했다. 이 일은 나를 낙담시켰다. 우리는 다른 치과로 갔는데, 기다리는 중에 라디오에서 오르간 음악이 들려왔다. 그 오르간 연주자는 "이 곡은 내일 몬트로즈를 떠나야 하는 제인 토리를 위해 특별히 연주하는 것입니다"라고 말했다. 또 몬트로즈에 있는 친구들이 점심을 싸 가지고 와서 내가 짐을 싸는 동안 버니를 돌봐 주었고, 집을 청소하고 겨울을 나기까지 짐들을 묶어 두는 일을 도와주었다. 이 모든 것은 내게 격려가 되었다.

그런데 아무리 집안을 뒤져도 내 여권을 찾을 수가 없었다. 이 일은 나를 낙담시켰다. 결국 가장 있을 법하지 않은 장소에서 여권을 찾았다. 친구가 나를 도울 마음에 따로 치워 놓았던 것이다. 이 일은 격려가 되었다!

드디어 토요일 오후 5시에 버니와 나는 함께 머물던 친구 사라 키와 함께 남부로 차를 몰았다. 우리는 자정에 필라델피아에 있는 호텔에 도착했다. 주일 아침에는 가까운 거리에 있는 에브라임 산 교회에 갈 예정이었다. 그런데 교회에 가려고 나와 보니, 우리 차에 도둑이 들어서 가방은 뒤죽박죽이 되었고 카메라 세 대가 없어졌다. 이 일은 나를 낙담시켰다.

그러나 에브라임 산 교회에서 누린 기쁨의 시간은 이 모든 낙담을 보상해 주었다. 그날은 어린이주일이어서 올리비아 헨리 목사는 특별히 어린이를 위한 설교를 했다. 그녀는 우리가 하나님의 어린 양이라고 하면서, 어린 양의 세 가지 특징을 이야기했다. 첫째로, 어린 양은 두려움을 모르기 때문에 크고 악한 늑대를 보고 비웃는다. 하나님은 내게 "비행기 공중 납치범을 두려워하지 말라. 내 어린 양처럼 너를 낙담시키려는 적을 향해 웃으라"고 말씀하고 계셨다. 둘째로, 어린 양은 자유롭게 하나님의 아름다운 땅을 뛰어다닌다. 하나님은 내게 "너는 내 어린 양이다. 그리고 이 여행은 네가 나의 아름다운 땅에서 뛰놀 수 있는 기회이다"라고 말씀하고 계셨다. 셋째로, 어린 양은 목자가 원하는 곳으로 자신을 데려다 놓게 한다. 하나님은 내게 "네가 나의 어린 양이 된다면, 이번 여행에서 너의 영적 유익과 즐거움을 위해 여러 성지에 데려다 놓겠다"고 말씀하셨다. 나는 염려가 많은 이 때, 이렇게 개인적으로 친밀하게 말씀해 주시는 것이 너무나 기뻐서 울었다.

우리는 노스캐롤라이나로 가서 버니를 맡기고, 친정 부모님을 뵙고, 사진을 찍고, 서류를 준비하고, 여행에 필요한 옷을 사는 등 정신없는 하루를 보냈다. 그리고 다음날 아침 루신다와 함께 뉴욕으로 날아가, 그곳 공항에서 30명의 동행자들을 만났다. 그들의 가방에는 '뉴욕에서 예루살렘으로'라는 표가 붙어 있었다. 우리는 한껏 소리를 높여 노래했다.

"오늘 같은 날은 내게 없었네.

이처럼 밝게 빛나는 영광스런 날은 없었네."

이 여행은 그냥 평범한 '관광 여행'이 아니었다. 우리는 참여자였다. 우리는 런던에 있는 스펄전 홀에서 증거했고, 존 웨슬리의 오르간을 연주했다. 아테네와 고린도에서는 우리의 인솔자인 새뮤얼 독토리안이 약 2,000년 전에 바로 그 자리에서 일어났던 일을 설교하는 것을 들으면서 사도행전의 사건들을 체험하였으며, 카이로에서는 그리스도인 사업가와 함께 예배를 드리면서 기이한 음악을 들었다. 카이로 공항에서는 체포될 뻔한 일도 있었다. 우리는 베이루트에 있는 미국인 교회에서 증거했고, 그 교회가 운영하는 '빛의 학교'와 고아원을 방문했다. 키프로스(구브로)에서는 초대 그리스도인들이 살던 곳을 방문하였다. 또 부모가 억지로 이 여행에 끌고 온 열다섯 살짜리 소년이 갈보리에서 자신의 죄 때문에 예수님이 고통받는 환상을 보고 울면서 회심하는 놀라운 모습도 보았고, 귀가 막혔었는데 이틀 만에 의사의 기도로 낫기도 했다.

베들레헴에 있는 교회 계단을 내려갈 때 한 여성이 말했다.

"참 아름답군요. 여기에서 성찬식을 가질 수 있다면 더 좋을 텐데."

그런데 그 계단을 다 내려가서 보니, 진짜 성찬식이 진행되고 있었다. 우리는 성찬식에 참여했다. 그곳에는 곳곳에 촛불이 켜 있었는데, 그것을 보니 그날이 버니의 생일이라는 것이 생각났다. 예수님이 태어나신 곳에서 딸의 생일을 맞이한 것이다.

최후의 만찬이 있었던 곳에서 우리는 성령으로 노래했다. 그곳은 전통적으로 오순절에 성령님이 임하신 곳으로 알려져 있는 다락방이었다. 그리고 우리는 예수님이 십자가에 달리시기 전날 밤 가야바의 집에서 빌라도의 법정으로 가셨던 길, 그리고 근심 어린 눈으로 베드로를 바라보셨던 그 길을 따라 걸었다. 수사 한 명이 예수님이 그날 밤 갇히셨던 지하 감옥으로 우리를 인도했다. 우리는 나선형 계단을 내려가면서 찬송을 불렀다.

"살아서는 사랑하시고, 죽어서는 구원하셨네."

그 수사가 눈물을 닦는 모습이 보였다.

우리는 요단 강에서 세례식을 베푸는 것도 보았다. 루신다도 세례 받는 이들 가운데 있었다. 그녀는 물에서 나왔을 때 마치 불에 탄 것처럼 몸이 바싹 마른 듯한 느낌이었다고 했다.

로마에서는 바울이 갇혔던 감옥을 보았고, 콜로세움과 카타콤도 보았다. 우리는 초기 그리스도인의 시련을 묵상한 후에, 참으로 그리스도께 헌신한 현대의 그리스도인들과 더불어 기쁨 넘치는 예배에 참석하는 감동을 맛보았다.

스위스에 갔을 때는 여기에도 성지가 있는가 의아스러웠는데, 자그마한 케이블카를 타고 필레투스 산 꼭대기까지 올라가면서 '황홀경’에 빠지는 전율을 느낄 수 있었다!

뉴욕으로 돌아온 우리는 그동안 하나님께서 우리와 함께 계셨으며 지금도 여전히 우리의 살아 있는 기도의 교제에 함께하신다는 것을 알았다. 나는 한 형제에게 부탁했다.

“텔아비브에 두고 온 제 가방을 한국으로 떠나기 전에 노스캐롤라이나에서 받을 수 있도록 기도해 주실래요?”

그는 기도했고, 내 마음에는 확신이 생겼다.

예수님이 다니신 길을 걸었고 기적도 보았지만, 천식 증세는 여전히 나아지지 않았다. 나는 하나님께서 천식을 치료하시기 위해서 이 모험으로 인도하신 줄 알았는데, 그렇지 않았다. 이 여행은 하나님이 그냥 주신 좋은 선물이었던 것이다. 그런데 우리와 함께 여행했던 루신다의 어머니가 말했다.

“러벨 박사께 한번 가 보렴. 그는 그 분야에서 가장 뛰어난 의사란다. 아주 바쁜 분이지만, 어떻게 해서든지 예약해 보마.”

러벨 박사는 휠체어를 탄 채로 나를 진찰하고 처방을 해주었는데, 효과가 있었다. 그것은 너무나 간단해 보이는 처방이었다! 1년 간 그토록 애를 썼는데 이렇게 간단한 약으로 효과를 얻다니 믿을 수가 없었다. 그것도 바로 내 고향에서!

우리는 가족들과 함께 크리스마스를 보냈다. 정말 즐거운 시간이었다. 그리고 나서 버니와 나는 집으로 돌아왔다. 한국으로 떠나기 바로 전날, 잃어버렸던 내 가방도 도착했다! 러벨 박사의 약은 천식에서 나를 해방시켜 주었다. 약을 다 먹었을 때, 나는 내 병이 나았다는 것을 알 수 있었다.

처음부터 러벨 박사를 만나서 천식을 빨리 치료했다면, 중요한 교훈들을 이토록 많이 얻지 못했을 것이다. 하나님은 천식을 사용하셔서 한국에서 보낼 이후의 시간들을 위해 나를 준비시키셨고, 그 준비가 다 끝나자 천식을 거두어 가셨던 것이다. 나는 새로운 확신과 견고해진 믿음과 새로운 목적을 가지고 다시 예수원의 내 자리로 돌아왔다.

"우리 가운데서 역사하시는 능력대로 우리가 구하거나 생각하는 모든 것에 더 넘치도록 능히 하실 이에게, 교회 안에서와 그리스도 예수 안에서 영광이 대대로 영원 무궁하기를 원하노라. 아멘"(엡 3:20-21).

나는 새로운 확신과 견고해진 믿음과 새로운 목적을 가지고 예수원의 내 자리로 돌아왔다. - 예수원 안뜰.

17

화재

"눈신을 기대하세요."

내가 아처에게 말했다. 아처는 김포 공항에서 짐을 챙겨 들고 나와 버니를 택시에 태우려 하고 있었다. 아처와 일곱 살 난 옌시가 우리를 마중 나왔다. 버니와 나는 집으로 돌아온 것이 너무 기뻐서 눈을 깜빡거리며 흥분을 감추지 못했다. 정말로 신나는 여행이었다! 우리는 우리 좋을 대로 여행 계획을 짰는데, 두 사람과 이야기를 하다 보니 그것이 모두 하나님의 인도였음을 알 수 있었다.

우리는 한국으로 돌아오는 길에 먼저 웨스트버지니아에 있는 제인과 제리 화이트 부부를 방문했다. 그들은 한국으로 우리를 방문할 계획을 세우고 있었다. 그다음에는 아리조나 주 피닉스에 있는 '골짜기의 갈보리 교회'에 가서 많은 기도와 격려를 받았다. 그리고 다시 시애틀에 있는 성 누가 교회로 가서 친구들을 만났다. 이 친구들은 전에 우리에게 황소 페르디난드를 주었던 이들인데, 이번에는 아처가 전기난로를 만드는 데 필요한 실리콘 유리관을 찾아 여기저기 알아봐 주었다.

일본에서 비행기를 갈아타면서 가방을 잃어버릴 뻔했지만 감사하게도 다 찾을 수 있었다. 짐 속에는 루신다의 어머니가 주신 아름다운 흰 외투가 있었고, 성 누가 교회 교인들이 준 카세트 플레이어와 성막의 의미에 관한 강의 테이프 12개, 아이들을 위한 성경 공부책 세트, 그리고 눈신이 있었다.

"이게 손님 짐 맞습니까?"

동떨어진 곳에 있는 벽장에서 짐을 찾아 낸 사람이 의아한 듯이 물었다. 그가 보기에는 생가죽으로 된 넓고 납작한 모양의 물건이 괴상해 보였겠지만, 우리가 한국을 떠나기 전에 겪었던 겨울을 또 겪게 된다면 예수원에서는 분명히 그 눈신이 필요할 것이다.

예수원까지 가는 긴 기차 여행 중에 그동안 일어났던 일들을 이야기할 수 있었다. 나는 일주일 전에 친구와 가족들과 함께 보낸 크리스마스에 대해 아처에게 이야기했다. 재미도 있었고 선물도 많이 받았던 파티였다. 그러나 아처는 전혀 다른 이야기를 해주었다. 크리스마스가 다가왔을 때, 예수원에 특별한 것이라고는 아무것도 없었다. 크리스마스 양말도, 선물도, 잔칫상도 없었다. 그런데 제인과 제리 화이트 부부가 아들의 결혼식 때 쓰려고 사 두었다가 보낸 아름다운 은 성찬배가 바로 크리스마스 날에 예수원에 도착했다!

조 목사님의 가정은 5개월 된 아들 성대와 함께 우리가 살던 작은 집으로 이사를 왔고 우리는 서쪽에 있는 방 세 개를 쓰게 되었다. 우리는 짐을 풀고 정리를 했다. 나는 우리가 예수원을 비웠을 때 그랬던 것처럼 조 목사님이 계속 예수원을 이끌 수 있게 된 것을 감사했다. 우리는 금방 삶의 원래 위치로 돌아와 손님을 맞이했으며, 일상적이지만 다양하며 때로는 정신없이 바쁜 생활 가운데서 평화를 찾았다.

집에 돌아온 지 한 달이 지나자 체류 허가를 갱신하기 위해 동해에 있는 삼척으로 가야 했다. 우리가 그곳에 갈 때면 늘 그랬듯이 이번에도 콜롬바 수녀회를 방문했다. 내가 천식으로 고생했을 때 그들이 돌봐 주었는데, 이번 방문에는 나의 쾌유라는 놀라운 소식을 전할 수 있었다. 그리고 우리는 바닷가에 있는 임원진에도 갔다. 우리는 언젠가 그곳에 수양관을 짓기를 바라고 있었다. 그러나 무장 간첩들의 침투를 막기 위해 그 지역을 봉쇄해 놓았기 때문에 들어가 볼 수는 없었다.

나흘 후 우리는 휴가를 마치고 예수원으로 돌아왔다. 그런데 황지에 도착하자마자 어떤 사람이 우리를 알아보고 와서 말했다.

"예수원에 무슨 일이 있었는지 아세요?"

불길한 예감이 들었다. 우리가 집을 떠나기 직전에 성대가 몹시 아팠는데, 혹시 그 아이에게 무슨 일이 생긴 것은 아닐까? 퍽 심각해 보였던 그 병이 더 악화돼서 이제 6개월 된 아이의 생명을 위협하고 있는 것은 아닐까? 그런데 그는 이렇게 말했다.

“큰불이 났어요!”

“누가 다쳤나요?”

우리는 급하게 물었다.

“아니오. 하지만 집 한쪽이 꽤 많이 타 버렸어요.”

“오, 주님을 찬양합니다!”

우리는 성대에게 무슨 일이 생긴 것이 아니라는 것을 알고는 안도의 한숨을 내쉬었다. 그 사람은 우리를 이해하지 못했다. 그러나 우리는 일단 안심을 하고 즐거운 마음으로 여행을 마쳤다.

산을 올랐을 때는 이미 해가 진 뒤였다. 밤하늘을 배경으로 서 있는 예수원의 모습이 전과 달라 보이는 것을 알 수 있었다. ‘할렐루야’ 언덕에 이르렀을 때, 우리는 사람들을 외쳐 불렀다. 저쪽에서 바로 응답이 왔고, 손전등을 든 사람들이 금방 나타났다.

“어떻게 이런 일을 당하고도 ‘할렐루야’ 소리가 나오세요?”

조 목사님이 나사로 형제와 서둘러 내려오면서 말했다. 그들은 우리를 ‘위로하러’ 오는 길이었다. 처음에는 우리에게 위로가 필요하다고 느끼지 못했다. 잃은 것이래야 서쪽 건물과 서류와 문서들, 선물받은 내 흰 외투, 새 카세트 플레이어와 테이프들, 어린이 이야기 성경책, 우리 가구 같은 물질적인 것뿐이었기 때문이다. 게다가 신기하게도 눈신은 무사했다!

그러나 이 화재에 책임이 있는 사람이 누군지를 알고 나자 정말 위로가 필요했다. 집을 떠나던 날, 우리는 하루에 한 번 다니는 버스를 타기 위해 몹시 서두르며 집을 나섰다. 나는 손님이 오면 우리

침실을 써야 할 일이 생길지도 모른다는 생각에 거기 있던 짐을 다 사무실로 옮겨 놓았다. 사무실 문을 잠그면서 전기난로를 껐나 확인하고 싶었지만, '상관없어, 어차피 발전기를 충전시키러 지금 황지로 가져가니까 우리가 돌아올 때까지는 전기를 쓰지 못할 거야'라고 생각하며 그대로 집을 떠났다.

그런데 내가 남겨 놓은 위험을 몰랐던 나사로 형제가 전기를 관리하는 자신의 일에 충실하려는 생각에 충전된 발전기를 황지에서 찾아와서 설치한 후 시범적으로 사용해 보았다. 2월 9일 정오 즈음 어디선가 타는 냄새가 났다. 처음에는 그 냄새가 어디서 나는 것인지 찾지 못했다. 마침내 찾고 보니, 우리 짐이 잔뜩 들어 있는 사무실의 잠긴 문 사이로 연기가 새어 나오고 있었다. 그중에 어떤 물건은 직접 전기난로에 닿아 있었다. 문을 부수자 방안에 갇혀 있던 불꽃이 산소와 접촉하면서 갑자기 큰불을 일으켜 순식간에 일곱 개의 방을 태워 버렸다.

마을 사람들 여럿이 언덕을 올라와 형제들을 도와준 덕분에, 1층에 있던 화실과 꼭대기층에 있는 대기도실로 불이 옮겨 붙는 것은 막을 수가 있었다. 그러나 그 두 방 사이에 있는 방들은 완전히 타 버리고 말았다. 예수원 식구들이 얼마나 놀라고 괴로웠을까? 그들은 그것을 복구하느라 시간과 노동의 대가를 치러야 했고, 좌절감을 겪었으며, 경찰과의 문제를 해결해야 했다. 이 모든 것이 다 내 부주의 때문에 일어난 일이었다! 어떻게 이들의 용서를 받을 수 있을까?

그러나 한편으로는 약간 재미있는 면도 있었다. 아처와 나는 우리에게 책임이 있다고 생각했다. 그런데 나사로는 자기에게 책임이 있다고 생각했다. 한편 조 목사님은 전체 책임을 지고 있는 사람으로서 자기에게 책임이 있다고 했다. 경찰은 모든 사람들이 책임을 회피하기보다는 오히려 책임을 지려고 하는 광경을 보고 무척 놀라워했다. 그들은 그리스도인들은 다른 사람들과는 다르다는 결론을 내렸고, 결국 누구에게도 벌금을 물리지 않았다.

우리는 다시 옛날에 살던 두 칸짜리 방으로 옮겼다. 우리에게는 그곳이 가장 편했다. 조 목사님 가정은 11호실을 피난처로 삼았다. 목수가 와서 우리와 함께 살면서 수리를 시작했다. 그것은 느리고도 힘겨운 작업이었다. 우리는 돈이 되는 형편에 따라 일을 진행해야 했다. 6호실은 제인과 제리 화이트 부부가 방문하는 시기에 맞춰 완성되었다. 그 방에는 책상과 옷장과 서랍장을 멋있게 짜 넣었다.

옛 사무실 위에 있던 다락방은 다시 모양새를 갖추어 가고 있었고, 목수는 예전처럼 그 공간을 세 개의 작은 방으로 나누기 위해 칸막이를 세울 준비를 하고 있었다. 그때 조 목사님이 그 방을 들여다 보았다. 그것은 계시의 순간이었다. 조 목사님은 지붕에서 비스듬히 내려온 서까래와 반대편에 나 있는 세모난 창문, 채광창을 뚫고 들어오는 햇빛, 넓은 바닥 공간을 보면서 확신을 가지고 말했다.

"여기는 예배실이야."

바로 그것이었다! 그때부터 그 공간은 다락방 예배실(소기도실)이 되었다. 그곳에서 해마다 수백 명의 사람들이 하나님께 더 가까이

조 목사님은 확신을 가지고 말했다. "여기는 예배실이야."—소기도실 전면.

나아가기 위해 바닥에 무릎을 꿇었고, 그분의 은총을 받았다. 하나님은 나의 실수를 회복시켜 주셨으며, 좀 더 나은 예수원의 모습을 만들어 가고 계셨다.

하나님은 천식을 고쳐 주셨고, 내가 한국으로 돌아올 수 있는 비행기 값을 마련해 주셨다. 그러나 내가 기도하고 있던 세 번째 기적, 즉 예수원에 전기가 들어와서 공해로부터 벗어나고 내 천식도 재발하지 않도록 하는 일은 아직도 진행 중이었다. 그런데 바로 그 이유 때문에 제인과 제리 화이트 부부가 전기 설치 작업을 도우러 왔다. 제리는 웨스트버지니아에 있는 위어튼 철강소에서 일하는 우수하고도 경험 많은 전기 기술자였는데, 얼마간의 휴가를 받아서 한국에 올 수 있었다. 그런데 어떻게 보면 그 또한 하나님의 부추김을 받은 사람이라고 할 수 있었다.

제리의 아내 제인은 나처럼 3월 17일에 성령 세례를 받았다. 제리는 몬로빌의 자기 집 근처에 있는 성 마틴 교회의 기도 모임에 참석하기를 좋아했다. 그는 제인과 함께 그 기도 모임에 나갔지만, 성령 세례를 구하는 일은 주저했다. "하나님께 내 인생을 전부 다 맡기고 성령 세례를 받으면, 아처 토리처럼 한국으로 가라고 하실지도 모르잖아!"라는 것이 그 이유였다. 내가 웨스트버지니아에 들러 제리에게 전기 분야에 도움이 필요하다고 하자, 그는 '그래, 내가 가서 도와야겠구나' 하고 생각했다. 그 결정을 하고 나니 '이미 한국으로 가기로 결정했으니 더 이상 잃을 것도 없어. 그럴 바에야 성령을 받는 게 낫겠다'는 생각이 들었다. 그는 기쁜 마음으로 우리처럼

‘괴상한 은사주의 소수 열성파’가 되었다.

이 친구들의 방문은 정말 즐거운 것이었다! 그들과 교제할 뿐 아니라 우리가 안고 있는 현실적인 문제에 대해 전문가의 도움을 받는다는 것은 큰 복이었다! 그는 전기 분야에서만 우리를 도와준 것이 아니었다. 우리는 미군에서 남는 트럭 두 대를 받았는데, 하나는 3/4톤 트럭이고, 또 하나는 덤프 트럭이었다. 여러 개의 서류를 작성해 가며 ‘관료적 형식’을 거치는 일이 얼마나 복잡했던지, 그 일을 맡았던 아처와 루퍼스 롱은 트럭을 공짜로 얻었다는 생각이 들지 않을 정도였다. 아처는 작은 트럭을, 그리고 제리는 큰 덤프 트럭을 서울에서 예수원까지 운전해서 끌고 왔다.

함백산 고개를 막 넘기 전에 길가에 처량하게 앉아 있는 사람들이 눈에 들어왔다. 그들이 탄 버스가 고장이 나서 산비탈로 미끄러졌던 것이다. 다친 이들이 많았기 때문에, 우리 트럭은 황지로 오는 마지막 길목에서 앰뷸런스 역할을 했다.

제인과 제리에게는 여러 가지 일이 많았던 방문이었다. 드디어 김포 공항에서 작별할 시간이 왔다. 제인 화이트는 떠나기 직전에 병치레를 한바탕 했는데, 조 목사님은 그 병이 제인이 평생 동안 싸워 온 병이라는 사실을 처음으로 알게 되었다. 태어날 때부터 제대로 성장하지 못한 폐와 잘못 자리잡은 심장 때문에 그녀는 몇 주에 한 번씩 침대에서 며칠을 보내야 한다고 했다.

“아픈 채로 돌아가게 할 수는 없지요.”

조 목사님은 말했다. 그는 복잡한 공항 한가운데서 제인을 치유해

달라고 소리 높여 기도했다. 바로 그 순간, 제인의 지병이 사라졌다.

하나님은 우리의 기도에 응답하는 것만으로 만족하지 않으신다. 하나님은 우리가 그분과 함께하는 위대한 모험으로 나아가도록 인도하기 원하신다.

"내 영혼아, 여호와를 송축하며 그의 모든 은택을 잊지 말지어다. 그가 네 모든 죄악을 사하시며 네 모든 병을 고치시며 네 생명을 파멸에서 속량하시고"(시 103:2-4상).

18

가톨릭과 성령

1971년 4월에 있었던 제인과 제리 화이트 부부의 방문은 우리에게 큰 격려가 되었다. 그들은 전기와 트럭 일을 도와주었고, 많은 위로를 주었다.

그들이 떠나고 나자 우리는 다시 일상으로 돌아가서 물품들을 관리하고, 다음 안식년까지 또 한 기간을 지낼 준비를 해야 한다는 것을 깨달았다. 우리가 안식년으로 미국에 가 있는 동안 신실한 주예레미야 형제를 포함한 몇몇 형제들이 군대에 갔다. 그중에는 베트남으로 가게 된 형제들도 있었다.

우리는 대도 시간마다 그들의 이름을 불러가며 기도했고, 그들을 보호해 주시기를 간구했다. 떠났던 형제들은 나중에 모두 무사히 돌아왔다. 그들이 떠난 빈 자리를 채우러 온 사람들도 있었다. 예를 들어 제주도에서 온 박춘수 형제는 운전사와 기계공의 역할을 해주었다. 이처럼 하나님께서 우리에게 필요한 사람들을 보내 주시고 우리의 필요를 채워 주시는 가운데, 기도의 삶이 계속되었다.

하루는 아처가 서울에 다녀오면서 놀라운 소식을 전해 주었다. 선교사 친구인 미리암 크누타스가 오순절 주말에 가톨릭 친구들을 위해 열리는 수양회에 참석해 달라고 부탁했던 것이다. 미리암은 월드아웃리치의 간호사였는데, 스웨덴에서 안식년을 마친 후 새로운 사명을 가지고 이제 막 한국으로 돌아온 참이었다.

하나님은 특별한 방식을 통해 한국에 있는 가톨릭 신자들에게 성령 사역을 하라고 그녀에게 말씀하셨다. 미리암은 하나님께 진지하게 물었다.

"주님, 가톨릭 신자들도 그리스도인입니까?"

미리암과 같은 오순절파 그리스도인으로서는 그 사실을 믿기가 힘들었다. 오순절파 신자들과 가톨릭 신자들 사이에는 그 믿음과 실천에 너무나도 큰 차이가 있었던 탓이었다.

"하나님, 당신이 정말 이 말씀을 하시는 것이라면, 제가 오늘 쇼핑을 나갈 때 가톨릭 수녀를 보게 해주세요!"

그것은 성경에서 기드온이 양털을 놓은 것과 같은 일로서, 그분의 인도를 더 확실하게 보여 달라는 요청이었다. 만약 이 요청이 이루어지지 않는다면, 하나님이 이 일을 면제해 주시는 것이리라. 그녀는 자기 도시에서는 거의 볼 수 없는 그 광경을 보게 되리라는 기대 없이 쇼핑을 하러 나갔다. 그녀는 이것을 매우 안전한 실험으로 여겼기 때문에, 곧 이 문제 자체를 잊어버릴 수 있으리라고 생각했다. 그러나 하나님은 미리암이 이 사역을 하기를 간절히 바라셨음이 틀림없다. 생각과 달리 미리암 앞에 갑자기 검은 옷을 입은 수녀가 나타났으니 말이다!

미리암은 생전 처음으로 가톨릭 신자를 친구로 만나는 이 일을 하나님께서 인도해 주실 것을 믿으며 한국으로 돌아왔다. 그녀는 돌아온 첫 학기에 한국어를 매우 쉽게 배웠지만, 더 공부하고 싶었다. 그래서 가톨릭에서 좋은 언어 학교를 운영한다는 소식을 듣고 그 학교에 수강 신청을 해서 같이 공부하는 학생들을 친구로 사귀기 시작했다. 미리암은 친구들에게 하나님이 성령 세례를 통해 자기 삶에 능력을 주신 놀라운 방식에 대해 조금씩 이야기하기 시작했다. 성령님이 그녀를 통해 역사하셔서 사람들의 생각과 마음을 열어 주셨다. 3개월 동안 사랑하는 마음으로 자연스럽게 이런 이야기들을 나누다 보니, 어느 새 그들 또한 성령 받기를 간절히 바라게 되었다!

미리암은 이들을 위한 모임에 우리를 초청했다. 원래는 사역의 경험이 풍부한 홍콩의 한 부부를 초청했는데, 그들이 막판에 올 수 없게 되자 우리를 초청한 것 같았다.

'이렇게 즐거운 일이 있을 수가! 드디어 주님의 복을 다른 선교사들과 자유롭게 나눌 기회가 생긴 것일까?'

우리는 생각했다. 한국에서 살아온 여러 해 동안 아처는 강의와 설교 요청을 많이 받았지만, 그때마다 종종 주의를 받아야 했다.

"성령에 대해서는 적당히 해주십시오!"

우리는 새로 지은 아름다운 가톨릭 수도원에 모였다. 놀랍게도 이 수도원은 우리가 한국에서 첫 몇 년을 보냈던 신학원 바로 옆에 있었다. 15명의 사제와 수녀와 신부, 평신도 사역자들이 참석했다. 그들은 모두 한국에 처음 온 사람들이었다. 그들에게 언어 학교는 다른 경우에 종종 그렇듯이 어렵고 단조로운 말을 듣는 곳이 아니었다. 미리암은 그 어려운 수업을 받는 가운데서도 하나님께서 능력 있는 표적과 기사를 통해 일하시는 이야기뿐 아니라 그분의 살아 계심을 보여 주는 증거와 이야기와 실제적인 예들을 나누었기 때문이다.

질문이 쏟아졌고, 대답이 잇따랐다. 우리에게는 순전한 기쁨의 시간이었다! 드디어 여러 시간에 걸친 질의와 응답 후에 척 렌츠 신부가 말했다.

"이제 충분히 들었으니, 성당에 들어가서 기도해야겠습니다."

대부분의 사람들이 그를 따라갔다. 모라 수녀는 "시간이 늦어서 자러 가야겠어요" 하고는 방으로 돌아갔다. 몇몇 사람들이 우리와 함께 남아서 좀 더 질문을 하고는 성당으로 기도하러 갔다.

그들은 각자 흩어져 희미한 불빛이 아름답게 비치고 있는 성당 안으로 들어가, 성령 하나님께 자신을 완전히 맡기게 해주시기를 구했다. 그들의 마음은 열려 있었고, 간절한 갈망과 기대감으로 가득 차 있었다. 2,000년 전의 오순절날처럼 강하고 급한 바람이 불거나 불길이 일지는 않았지만, 시간을 초월하는 동일하신 하나님께서 이 곳에 임하셔서 그분의 자녀들을 성령으로 충만케 하셨다.

그들은 한 사람씩 성령님을 마음속에 받아들였고, 이내 성령으로 기도하기 시작했다. 성령님은 당신을 향해 열려 있는 각 사람의 영혼 속에서 안식처를 찾으셨으며, 그분이 말씀하실 수 있는 단상과 성부 하나님께 기도하실 수 있는 통로를 발견하셨다. 각 사람의 영혼이 이에 즐겁게 반응하는 가운데, 성령님을 통해 하나님을 향한 사랑의 마음이 열리기 시작했다.

우리는 미리암과 함께 필요한 사람들 곁에 앉아 도와주었다. 한 자매는 "성령님이 아무 말씀도 하지 않으시는데, 혹시 노래하기를 원하시는 걸까요?" 하고 물었다. 우리는 "맞아요"라고 대답했고, 순식간에 성령님이 그녀를 통해 아름다운 가사와 음악으로 노래하기 시작하셨다. 또 한 사람은 이렇게 말했다.

"전 미국에서 성령 세례를 받기 위해 기도했지만 아무 일도 일어나지 않았어요!"

아처는 속으로 성령님께 인도를 구하면서 대답했다.

"'아무 일도 일어나지 않았어요'라고 말하지 말고, '그때 무슨 일이 일어났습니까' 하고 여쭈어 보십시오."

그러자 그녀도 생애 처음으로 성령으로 기도하기 시작했다!

한편 잠자리에 누우러 갔던 모라 수녀는 침대 곁에서 성령으로 기도하고 있는 자신의 모습을 발견했다. 우리는 "주님, 당신의 말씀을 참되게 지켜 주셔서 감사합니다!"라는 말밖에 아무 말도 할 수 없었다. 누가복음 11장 13절 말씀과 같았다. "너희가 악할지라도 좋은 것을 자식에게 줄 줄 알거든 하물며 너희 하늘 아버지께서 구하는 자에게 성령을 주시지 않겠느냐 하시니라."

그다음 날인 오순절 주일 아침에 나눈 성찬식은 새롭게 성령의 감동을 받은 사람들 모두에게 생생한 의미로 다가왔다. 미사를 주재하던 신부님은 이렇게 말했다.

"이것은 끝이 아니라 시작입니다!"

그 적은 수의 회중은 함께 나누고 가르치는 기도 모임으로 계속 모이는 가운데, 한국의 가톨릭 교회에 능력 있는 성령 운동의 문을 여는 도구가 되었다. 그 모임의 힘은 해마다 쌓여 나가, 1977년에는 수백 명의 사람들이 미 8군 수양관에서 프란시스 맥너트 신부와 만나게 되었으며, 명동성당에서 함께 성령 사역과 치유 사역을 하기에 이르렀다. 이 일은 개신교와 가톨릭이 연합하여 한 일이었다. 나중에 가톨릭은 그 작은 모임의 구성원 가운데 한 사람인 드포레스 수사를 통해 성공회에서 성령 사역을 하였다.

이 모든 일이 예수원에 뜻하는 바는 무엇이었을까? 새로운 영적 친구들은 그 후로 예수원을 여러 번 방문하여, 개인의 삶 속에서 역사하시는 하나님에 대해 나누는 즐거운 시간을 가졌다. 그리고 때가 되었을 때, 드포레스 수사의 성공회 사역을 통해 대한 성공회 성령 쇄신 봉사회 사제단(Service Committee of Korean Anglican Priests) 이 탄생했다. 이들은 예수원을 여러 번 방문하여 새로 지원하는 사람들을 위해 '성령 안에서 새 생활' 이라는 제목의 세미나를 인도해 오고 있다.

또한 바로 그 시기에 우리는 새 형제를 맞이했다. 최요셉은 그 오순절 수양회에 참석했던 유일한 한국인이었는데, 자신의 대자(代子)인 정보스코를 받아 줄 수 있겠느냐고 물어 왔다. 어나 스미스의 학교에서 목수로 훈련을 받은 그의 대자는 새로운 훈련을 받을 준비가 되어 있었다. 어나 스미스는 그 성령 집회 이후 처음 생긴 15명의 작은 모임에 속한 사람이었다. 학생들에게 기술이나 상업 교육 이상의 것을 주고 싶어했던 그녀는 기도 모임을 위해 자기 가정과 학교를 개방했다. 성령님은 이 기도 모임을 사용하셔서 새롭고 능력 있는 일을 할 수 있는 발판으로 삼으셨다.

우리는 기쁜 마음으로 보스코를 받아들였고, 그는 열정을 품고 우리에게 왔다. 며칠 동안 시설 유지와 보수 작업을 하던 보스코는 "제가 정말 하고 싶은 일은 양을 키우는 거예요!"라고 말해서 우리를 놀라게 했다. 예수원에서는 양을 키울 계획이 없었기 때문에 우리는 그의 제안을 받아들일 수 없었고, 보스코가 계속해서 목공 기술을 발휘해 주기를 바랄 뿐이었다. 그는 그렇게 해주었고 우리에게 많은 도움을 주었다. 그러나 하나님은 분명히 그의 마음의 소원을 알고 계셨고, 거기에 관심을 가지고 계셨다.

며칠 후 윌버 맥아피 선교사에게서 편지가 왔다. 그는 안식년을 보내러 가야 하므로 자기가 책임지고 있는 양 50마리를 우리가 와서 데려갈 수만 있다면 그냥 주겠다고 했다. 아처와 박천수 형제가 서울로 큰 트럭을 몰고 가서 양을 차에 싣고, 예수원까지 '머리털이 곤두설 만큼' 힘겨운 길을 왔다. 가파른 산길은 비가 와서 미끄러웠다. 어떤 곳에서는 천수 형제가 트럭에서 내려 운전대를 잡은 아처에게 신호를 보내가며 트럭보다 폭이 좁은 진흙투성이의 다리를 건너기도 했다. 여행하는 대부분의 시간에 아처는 트럭 뒤에서 양들을 계속 세워 두기 위해 애를 썼다. 쓰러진 양은 다른 양들에게 밟혀 죽을 위험이 있기 때문이었다. 결국 그들이 도착했을 때 양 한 마리는 죽었고, 작은 양 한 마리는 거의 의식이 없는 상태가 되었다.

나는 마을로 내려가는 길 중간쯤에 있는 샘에서 물을 긷다가, 이상한 광경을 보았다. 내가 선한 목자의 환상을 보고 있는 것일까? 아니었다. 그 사람은 아처였다. 석양의 햇빛이 아픈 양을 안고 있는 아처의 뒤에 후광을 만들었던 것이다. 그의 얼굴은 긴 여행으로 초췌했지만, 양을 불쌍히 여기는 마음이 가득 담겨 있었다. 그는 양 떼와 오랜 시간을 함께 오면서 양도 사람처럼 얼굴이 다 다르다는 것을 알게 되었다. 그는 한 마리 한 마리에게 알맞는 이름을 지어 주었다. 팔에 안긴 작은 양 다윗 위에 아처의 눈물이 떨어졌다. 아처의 뒤로 다른 양들의 모습이 보였다. 진흙투성이가 된 양들은 트럭이 올라올 수 없었던 미끄러운 길을 활기차게 올라오고 있었다.

보스코는 그렇게 원하던 양을 얻었고, 예수원에는 새로운 일이 생겼다. 이렇게 해서 우리는 다시 한 번 우리가 계획하거나 기대하지 않았던 일에 뛰어들게 되었다.

19

혼란

양들은 산중턱을 뒤덮었다. 그 평화롭고도 목가적인 풍경을 우리가 얼마나 사랑했는지!

하루는 아처가 미사를 집전하면서 "오, 세상 죄를 없애시는 하나님의 어린 양이신 주님, 우리에게 자비를 베푸소서"라고 말했다. 그런데 고개를 들자 눈이 휘둥그래지는 광경이 펼쳐졌다. 건물이 산비탈에 지어진 탓에 제단 뒤 창문이 땅과 같은 높이에 있었는데, 바로 그 창문에서 양 한 마리가 마치 제단 위에 서 있는 듯한 모습으로 우리를 바라보고 있었던 것이다. 우리는 웃음을 참을 수가 없었다.

그 양은 신부의 말을 알아들었을까? 우리가 왜 웃는지 알고 있었을까? 물론 그렇지는 않았다. 그러나 그 양의 엄숙한 얼굴은 마치 우리에게 "나는 왜 사람들을 하나님의 어린 양이라고 부르는지에 대해, 또한 너희에게 새로운 생명을 주기 위해 도살장에 끌려가는 어린 양처럼 조용히 죽음을 맞이하신 거룩하신 분에 대해 가르쳐 줄 것이 많다"고 말하고 있는 듯했다. 사실 우리와 양 사이에 있는 비슷한 점들을 보지 못하면 양과 오래 같이 지내기가 어렵다.

시간이 지나면서 우리는 나무로 가득한 예수원의 땅은 양들이 살기 좋은 목초지가 못 된다는 것을 깨달았다. 그러나 이보다 더 나은 땅을 어떻게 얻을 수 있을까?

갈전에 있는 강 목사님은 2년 전부터 우리에게 자신의 교회와 땅을 주겠다고 이야기해 왔다. 하지만 예수원을 운영하기에도 사람이 부족한데, 어떻게 15마일이나 북쪽으로 떨어져 있는 갈전에까지 영역을 넓힐 수 있을까? 목사님의 제안은 감사한 것이었지만, 이런저런 생각을 해볼 때 그 제안을 받아들일 수가 없었다.

강 목사님의 사역과 생활방식은 참으로 감탄스러운 것이었다. 이 교회는 그가 지어서 개척한 일곱 번째 교회였다. 그는 매번 가축을 길러 가정의 생계를 이어가면서 이 사역을 해왔다. 정말 놀라운 개척 정신이었다! 그는 이제 은퇴할 준비를 했다고 말했다. 그러나 어쩌면 전에 여러 번 그렇게 했듯이 새로운 지도자에게 이 교회를 넘겨 주고 다른 곳으로 이사하여 다시 새 교회를 개척하려는 것일는지도 몰랐다.

양 떼가 생기자 하나님이 갈전에 있는 땅을 사용하게 하시는 것 같다는 생각이 들었다. 아직 교회를 넘겨받을 준비는 되어 있지 않았지만, 그 방향으로 내딛는 첫걸음으로 우선 보스코와 양 떼들을 그리로 옮기기로 했다. 강 목사님은 그 교회를 계속 섬기면서 때때로 아처와 조 목사님의 도움을 받기로 했다. 강 목사님은 양을 돌보러 오는 예수원 형제들을 위해 자신의 집에 방을 하나 내주었다.

많은 예수원 가족들이 버스를 타고 이 새로운 장소를 구경하러 갔다. 우리는 저 멀리 뾰족탑이 있는 작은 교회와 그 옆에 있는 집을 볼 수 있었다. 두 건물 모두 돌로 지었는데, 넓고 평평한 계곡에 있는 소나무 옆에 자리잡고 있었다. 산 아래에는 은광이 있었고, 근처의 강을 한 굽이만 돌면 수영하기 좋은 호수가 있었다. 1971년 여름, 예수원 식구들은 황지로 가는 15마일과 그 반대편 갈전으로 가는 15마일을 오가면서 바쁘게 지냈다.

늘 그런 것처럼 강원도의 가을은 눈부시게 아름다웠다. 우리는 서울에서 온 새 은사 운동 친구들인 가톨릭 신자들과 개신교 신자들, 한국인과 외국인들과 함께 이 아름다움을 같이 나눌 수 있어서 참 기뻤다. 이들은 우리를 자주 찾아왔다. 이 친구들이 가져온 기쁨은, 우리 자신과 싸우며 예수원의 상황과 씨름하던 시기에 우리를 지탱해 주는 큰 힘이 되었다.

성령 충만한 사람들은 확신을 잃고 낙심하는 경우가 없어야 한다. 그런데 우리는 그런 상황에 아주 근접해 있는 우리의 모습을 보았다. 일종의 성공을 했다는 것이 문제인 것 같았다. 우리는 하나님께서 우리를 인도하시는 모든 방향에 열려 있기 위해 노력했다. 그런데 갑자기 예수원이 다섯 갈래의 서로 다른 방향으로 가고 있는 것을 보게 된 것이다. 우리는 마치 목자 없는 양이 된 것 같았다.

많은 예수원 가족들이 버스를 타고 이 새로운 장소를 구경하러 갔다. ─갈전 교회 전경. 1973년.

⑴ 우리는 누군가의 말처럼 '현대인을 위한 수도원', 즉 기도의 집을 발전시키고자 했다.

⑵ 우리는 자급자족할 수 있는 사업(낙농업, 농장, 양봉, 목장, 목공업, 이런 일에 수반되는 트럭과 트랙터의 관리)을 발전시키고자 했다.

⑶ 우리는 청소년을 위한 재활사업을 하고자 했다(18명의 젊은이들이 이 사업에 참여했다).

⑷ 네 군데의 교회가 우리의 지도를 원하고 있었다(그 밖에도 네 군데의 교회가 더 있었는데, 그 교회들을 이끌 사람이 없어서 문을 닫거나 다른 교파에 넘겨주었다).

⑸ 우리는 집회 장소와 수양관이 되어 가고 있었다. 심지어는 겨울에도 계속해서 손님들이 몰려왔는데, 우리는 이 일을 위한 준비가 전혀 되어 있지 않았다.

각각의 일들은 다른 일들의 성공을 방해하는 것 같았다. 예를 들어 재활이 필요한 젊은이에게 과도하게 많은 책임이 맡겨졌다. 이것은 그의 기도 시간을 깎아 내고 자만심을 갖게 만들 위험이 있었다. 또 때로는 우리에게 지도력과 가르침이 필요할 때 조 목사님과 아처가 다른 교회들을 돌보고 있는 경우도 있었다.

우리는 각 계획이 서로 다른 계획들을 보강해 주기를 바랐다. 이것만이 하나님의 사역 방식에 대한 유일한 해결책인 것 같았다. 이렇게 비틀거리며 갈 수는 없었다. 사업계획의 절반을 없애 버리는 것은 하나님의 능력을 부인하는 일이었고(하나님이 우리를 그 일로 인도하셨기 때문에), 우리의 잘못에 대한 책임을 부인하는 일이었다.

언제나처럼 우리는 매일의 성경공부를 통해 답을 얻고자 했다. 우리는 성경에서 다음과 같은 구절을 읽었다.

"여호와의 손이 짧아 구원하지 못하심도 아니요 귀가 둔하여 듣지 못하심도 아니라. 오직 너희 죄악이 너희와 너희 하나님 사이를 갈라 놓았고, 너희 죄가 그의 얼굴을 가리어서 너희에게서 듣지 않으시게 함이니"(사 59:1-2).

지도자들로부터 시작해서 영혼을 살피는 시간이 이어졌다. 나는 하나님의 완전한 인도에 대한 불신과 두려움, 비밀스러운 태도와 믿음의 부족이라는 죄를 회개했다. 우리 각 사람이 모두 그러했다. 하나님의 은혜로 우리는 회개하며 용서를 구했다. 그리고 나자 낙심하는 분위기가 사라졌다.

조 목사님은 희생에 대해 매우 강력한 설교를 했다. 우리나라를 위해 우리의 삶을 희생하며, 다른 사람의 유익을 위해 나의 가장 소중한 것을 희생하고, 예수원의 생활이 지속될 수 있도록 나의 자만심을 희생하며, 하나님의 뜻을 위해 나의 뜻을 희생해야 한다는 설교였다. 이 설교를 들은 형제들은 공개적으로 고백을 했으며 새로온 이들은 자신의 마음을 하나님께 드렸다. 이 일로 인해 생겨난 기쁨과 향기가 우리가 지고 있는 혼란의 짐을 가져갔다.

양 떼들은 축사에서 겨울을 나기 위해 예수원으로 돌아왔다. 그런데 어느 날 밤 9시쯤, 축사 쪽에서 이상한 소리가 들려 왔다. 종종 산에서 들려 오는 통성기도 소리는 아니었다. 그것은 단 한마디의 절박한 외침이었다.

"불이야!"

축사에서 불꽃이 튀어 오르고 있었다. 오렌지 빛깔의 연기가 피어 올랐다. 우리는 사태를 파악하기 위해 가파른 언덕을 달려 올라갔다. 양 한 마리가 난로를 발로 걷어차 순식간에 짚으로 불이 옮겨 붙어 큰 불이 난 것이었다. 축사에서 자고 있던 권솔로몬은 소리를 쳐서 우리를 불렀다. 시간이 없었다.

조 목사님과 아처와 그 밖의 사람들이 불을 끄러 헛간으로 들어갔고, 여기저기서 서로에게 외쳐 대는 소리가 들렸다.

"신부님!"

누군가가 있는 힘을 다해 아처를 불렀다. 대답이 없었다. 나는 숨을 죽였다. 여전히 대답이 없었다. 드디어 아처가 불에 타서 떨어진 지붕을 밀치고 모습을 드러냈다. 그는 약간 그을렸지만 크게 다치지는 않았다.

형제들은 양 떼를 축사 밖으로 몰아냈다. 그리고 나서 우리 모두 양 떼를 둘러싼 채 말 그대로 양을 밀어서 언덕을 내려갔다. 양들은 움직이려 하지 않았다. 우리는 힘겹게 양을 몰아 언덕 아래로 안전하게 내려갔다. 그런데 끝에 있던 교활한 녀석 하나가 몸을 돌려 축사를 향해 달리기 시작했다. 그러자 다른 양들도 다 따라 달렸다. 우리는 양 떼를 쫓아가서 모든 과정을 처음부터 다시 반복해야 했다.

불타는 축사로 돌아가다니, 이 정신 나간 짐승들은 대체 어찌 된 녀석들일까? 저렇게 뻔히 보이는 위험을 보지 못한단 말인가? 그렇다. 이들은 위험을 눈치채지 못한 채 그저 익숙하기 때문에 고통스러운 길을 계속 가는 인간들과 같았다. 성경은 이렇게 말한다. "그들은 다 양 같아서 각기 제 길로 갔거늘"(사 53:6).

우리는 불을 끄게 해주시고, 마을의 친구들을 보내어 축사 1층에 새 지붕을 덮는 일을 도와주시며(축사 1층은 손상되지 않았다), 가을과 겨울의 영적인 시험을 무사히 통과하게 해주신 우리의 선한 목자께 진심으로 감사를 드렸다. "너희가 전에는 양과 같이 길을 잃었더니 이제는 너희 영혼의 목자와 감독 되신 이에게 돌아왔느니라"(벧전 2:25).

이 사건 이후 정말 충격적인 사건이 일어났다. 하나님께서 조 목사님에게 서울에 가서 가난한 사람들을 위한 교회를 시작하라고 부르신다는 말을 들은 것이다. 그와 샤론 사모는 기반을 다질 때까지는 자립을 위해 일을 할 것이라고 했다. 그리고 나서 하나님이 자신에게 주신 임무, 즉 말씀을 전하고 하나님의 나라를 세우는 일에 완전히 헌신하겠다고 했다.

이 사실을 받아들이는 일이 아처와 내게 얼마나 큰 시련이었는지! 하나님께서 조 목사님을 우리에게 보내 주시고, 그를 사용하시며, 우리 가족의 일원이 되게 하신 일을 돌아보는 일은 또 얼마나 큰 영혼의 고통이었는지! 그러나 우리는 범사에 감사해야 한다는 것을 알았고, 그렇게 하기 위해 무진 애를 썼다.

하나님께 감사드리기 시작하면서, 우리는 조 목사님이 서울의 교회에서 참으로 놀라운 일을 할 수 있으리라는 사실을 깨닫게 되었다. 서울에는 이러한 사역이 정말 필요했다. 조 목사님이 서울로 감으로써 생길 수 있는 여러 가지 좋은 가능성들에 대해 묵상하는 가운데, 성령님은 우리가 마음으로부터 그를 자유롭게 풀어 줄 수 있게 해주셨다. 성령님의 도움이 아니었다면 그렇게 자유롭게 그를 포기할 수는 없었을 것이다. 우리는 기도했다.

"주님, 그를 인도하시고, 그를 사용하시며, 우리를 보살펴 주옵소서. 그리고 그가 이 일을 시작할 수 있도록 1,000달러를 보내 주옵소서."

우리는 조 목사님 없이 예수원 사역을 계속하기 위해 노력할 작정이었다.

이사 준비가 이미 시작되었을 때, 조 목사님이 밤늦게 우리 방을 찾아왔다. 그는 하나님께 새로운 말씀을 받았다고 했다. 그것은 대략 다음과 같은 내용이었다.

"나는 네가 하나님의 말씀인 성령의 검을 휘두르기 바란다. 그러나 그 검의 손잡이를 만들기 위해 너는 예수원에서 살아야 한다!"

설교의 은사를 받은 이 사람이 예수원처럼 실험적인 기반에서 더 잘 설교할 수 있다고 하나님이 말씀하셨다면, 그것은 예수원이 그리스도인의 삶의 실험실로서 제 역할을 감당하고 있다는 뜻이었다! 우리는 앞으로도 계속 함께 살 것이다! 이것은 우리에게 영광스러운 부활이었다! "눈물을 흘리며 씨를 뿌리는 자는 기쁨으로 거두리로다"(시 126:5).

우리 두 가정은 이 일을 축하하기 위해 아이들과 함께 모였다. 난희, 성준, 성대, 옌시, 버니와 함께 눈이 사방으로 흩날리는 곳에서 웃는 얼굴로 사진을 찍었다. 며칠 후 조지아에 있는 교회가 1000달러를 보내 왔다. 하나님께서 우리의 기도를 들으신 것이다. 그러나 돈이 도착했을 때는 우리의 우선 순위가 바뀌어 있었다.

우리는 눈이 사방으로 흩날리는 곳에서 웃는 얼굴로 사진을 찍었다.
-그날 두 가정이 함께 찍은 사진. 1970년.

20

성령은 일하신다 (1)

우리는 거듭 거듭 자신에게 물었다.

"하나님이 이 경험을 통해서 나에게 보여 주시려는 것이 무엇일까?"

하나님의 손을 통해 무언가를 배우고 있다는 것은 알고 있었다. 그러나 무엇을 배우고 있을까? 하나님은 놀랍게 우리를 돌보아 주셨고, 그의 말씀을 지키셨으며, 우리를 인도하셨고, 물질을 공급해 주셨고, 모든 위기를 해결해 주셨다!

그러나 우리는 여전히 비틀거리고 있었고, 실수를 너무나 자주 반복했다. 예수원을 좀 더 효율적인 기관으로 재조직해야 하는 것은 아닐까? 세상은 조직체가 복잡할수록 더 효율적이라고 말한다. 그러나 성경은 "그러나 진리의 성령이 오시면 그가 너희를 모든 진리

가운데로 인도하시리니"(요 16:13상)라고 말한다. 혹시 이 둘 사이에 우리가 취할 수 있는 적절한 중간 지대가 있는 것은 아닐까?

우리는 한 가지 아주 특별한 사실을 알게 되었다. 어떤 사람이 자기 문제를 해결하기 위해 치유나 구원이 필요해서 우리를 찾아온다. 그는 도움을 받는다. 우리는 그가 자신의 필요에 대한 해답을 찾은 후 기쁨으로 가득 찬 새사람이 된 것을 보고 즐거워하면서 '이제 저 사람은 예수원의 신실한 일원이 될 수 있겠구나!' 하고 생각한다. 그는 계속 머물면서 모든 일에 관심을 가지고 잘 적응해 나간다. 그런데 몇 달이 지나면 다시 원상태로 돌아가, 더 이상 성장하지 않는 것처럼 보인다. 그는 자신이 누리고 있는 활기를 당연하게 여기면서, 하나님이 자신의 근원이 되시며 날마다 새로운 영적 은사를 주신다는 것을 잊어버린 채 사는 것 같다. 때로는 우리가 해결해 줄 수 없을 것 같은 새로운 필요가 그의 삶에 생기기도 한다. 그는 하나님이 부르셨기 때문에 머물고 있는 것이 아니다. 그저 가장 편한 길을 택한 것일 뿐이다.

이 사실을 깨달은 우리는 새로운 방침을 세웠다. 이곳의 규칙을 지키며 우리의 일을 돕는 사람은 누구든지 3개월 동안은 우리와 함께 지낼 수 있다. 그러나 그 후에 그는 다시 세상으로 돌아가서 자신의 새로운 믿음을 실험해 보아야 한다. 그리고 한 달 후, 하나님이 다시 이곳으로 돌아오기를 원하시면 그분의 인도에 따라 한 번에 1년씩 등록할 수 있다.

하나님의 지시를 따르기 힘들 때가 종종 있다. 이번 경우에는 아주 힘이 들었다. 하나님은 우리가 이 계획을 실천하기를 분명히 바라고 계셨지만, 우리는 예외로 삼고 싶은 경우에 부딪쳤다. 우리와 함께 3개월 동안 지낸 젊은이가 두 명 있었는데, 이들이 주 안에서 매우 강건하다는 것과 이들이 머물 경우 우리 집을 더 굳건하게 해 줄 것이 틀림없었다. 스데반과 가브리엘이 떠나면 집 식구들이 힘을 잃을 것이 분명한데, 어떻게 그들을 보낼 수 있단 말인가?

이들은 보스코의 고아 친구들이었다. 우리는 이들을 매우 사랑했다. 이들은 모든 면에서 예수원에 잘 맞는 사람이었기에, 새로운 규칙의 시행을 연기하고 싶은 유혹이 강했다. 그러나 이 규칙을 보여 주신 분은 하나님이셨고, 우리의 욕망 때문에 그의 말씀을 절충시키거나 양보해서는 안 되었다. 스데반과 가브리엘은 성대한 작별 의식과 애정을 받으며 떠났고, 우리는 그들이 다시 오게 해달라고 기도했다.

결국 두 사람은 돌아오지 않았다. 그들은 바깥 세상에서 자신들의 자리를 찾았고, 우리는 그들의 믿음이 자랐으리라는 것과 그들이 하나님의 계획 안에 머물러 있으리라는 것을 믿을 수밖에 없었다. 우리는 첫걸음을 크게 내딛는 일에 두 사람을 희생으로 바쳤다고 생각한다. 수년이 지난 지금 돌이켜볼 때, 예수원 식구들이 비록 이 첫 두 사람을 잃긴 했지만 하나님께서는 그분께 순종하기 위해 그들을 떠나 보낸 우리의 신실함을 거듭 갚아 주셨음을 깨닫는다. 3개월을 보내고 떠났던 많은 신실한 형제자매들이 다시 돌아와, 짧게는 1년부터 길게는 18년까지 우리와 함께 지냈다. 어떤 이들은 하나님의 직접적인 말씀을 듣거나 환상을 보고 돌아왔고, 어떤 이들은 이곳에서 아직 펼쳐지지 않은 하나님의 계획을 이루는 일에 헌신하며 도움이 되고자 돌아왔다. 그것은 편안하게 사는 길이 아니라 하나의 도전을 받아들이는 길이었다. 그들은 세상에 나가서 직업을 가지고 좀 더 쉬운 일을 할 수도 있었을 것이다. 그러나 우리는 좀 더 쉬운 길이 아니라 좀 더 나은 길을 배우고 있었다. 우리는 다시 기도했다.

"하나님, 우리의 이 복잡한 집을 더욱더 당신의 완전한 길로 인도해 주옵소서."

이 기도와 함께 대하소설이 시작되었다!

인도네시아에 있는 에드윈 스튜브 신부가 부활절 다음 주에 한 팀을 데리고 우리를 방문하겠다는 편지를 보내 왔다. 그는 우리가 성미가엘 신학원에 있었던 1963년에 우리를 방문한 적이 있었다. 신학교 근처의 동네 교회에서는 그의 능력 있는 사역을 잘 받아들였지만, 신학교 학생들은 그렇지 않았다.

인도네시아에 있는 그의 신학교는 독특한 곳이었다. 수업은 성경 봉독과 기도 후에 시작했으며, 때로는 성령님이 병든 자를 위해 기도하도록 학생들을 마을로 보내시는 경우도 있었다. 그런 때에는 미리 준비한 수업은 하지 않았다. 이 학생들은 예수님의 제자들이 배웠던 것과 같은 방식으로 훈련받고 있었다. 그러나 성 미가엘 신학원에서는 이러한 방식을 거부했다. 그때 나는 생각했다.

'학생들은 하나님이 살아 계시고 성경에 기록된 것과 똑같이 오늘날에도 기적을 행하신다는 우리의 말을 듣지 않는다. 또 참으로 사도적인 사역을 나누기 위해 먼 곳에서 온 이 종의 말도 듣지 않는다! 그렇다면 학생들이 앞으로 마음을 열리라는 희망은 전혀 없는 것이 아닐까? 이들이 듣고 싶어하지 않는데도 계속해서 이 말을 전하기 위해 씨름해야 할까? 책만 가지고 신학을 가르치는 것보다 더 좋은 방법이 분명히 있을거야!'

내가 이 생각을 했던 날은, 아처가 데일리 주교와 함께 캐나다에 있을 때 신학원을 사임했던 바로 그날이었다. 하나님은 우리 두 사람의 마음을 움직이셔서 예수원을 시작하도록 인도하고 계셨다.

그로부터 9년 후인 1972년, 아처는 우리의 은사 운동 친구들에게 초대장을 보냈다. 그는 개신교, 감리교, 가톨릭 등에 속한 다양한 친구들에게 스튜브 신부와 함께 모이자고 했다. 스튜브 신부는 '지도자의 자리'를 비워 둠으로써 성령님께서 우리 가운데서 움직이시게 하기 위해 우리에게 오겠다고 했다. 하나님께서는 각 사람의 필요에 맞게 말씀해 주실 것이다. 놀랍게도 40명이 넘는 이들이 왔다. 특별한 일정은 없었지만 아주 인상적인 집회였다!

처음에 모였을 때 우리는 자연스럽게 하나님이 하고 계시는 일들을 나누었다. 폴 위드자야는 인도네시아에서 하고 있는 놀라운 활동을 보고했다. 수 핀치는 토요일 밤 모임과 서울에서 열리는 세 개의 보조 모임에 대해서 이야기했다. 그 보조 모임에서는 남자와 여자와 학생들이 성령님께 마음을 열었다. 한바울은 어나 스미스의 존 보스코 학교에서 계속되고 있는 모임에 대해서 이야기했고, 하이디는 가톨릭의 교리 시간에 성령님이 나타나신 일을 이야기했는데, 이 모든 것은 찬양과 큰 기쁨을 불러일으켰다. 예수원 자매인 마리는 자신이 본 예수님의 환상을 이야기했고, 이 말을 들은 스튜브 신부는 우리가 천상에 앉아 있으며 하늘의 전쟁에 참여하고 있다고 했다. 그러자 예수님께서 그분의 친구들을 위해 우리를 필요로 하신다는 예언의 말씀이 나왔다. 다음에는 기도의 요청이 있었고, 우리가 안수할 때 우리 친구 되신 예수님께서 많은 사람들을 만지셨다. 우리는 11시 30분이 되어서야 잠자리에 들었다.

다음날 아침에는 사역의 은사에 대한 질문들이 있었고 스튜브 신부는 만족할 만한 답을 주었다. 그러나 아처는 이 모든 것이 시작되기 전에, 툭하면 멈춰 서는 트럭에 욕조를 포함한 무거운 짐을 싣고 서울에서 오느라 이틀 밤을 못 잤기 때문에 맥이 많이 빠져 있었다. 그런데 아처 말고는 한국어와 영어로 나오는 기도와 예언과 가르침들을 맥이 끊기지 않게 통역할 사람이 없었다. 그는 하나님께 불평을 했다(물론 소리나지 않게 했다). 하나님의 대답이 그에게 들려왔다.

"내 아들아, 나는 너를 다리가 되라고 불렀다. 다리의 역할은 밟히는 것이다. 그것은 쉽지도, 영광스럽지도 않은 일이지만 다리가 없으면 사람들은 건너갈 수가 없다."

그리고 하나님은 이 말을 큰 소리로 말하게 하셨다. 그러자 많은 이들이 "그건 나를 위한 말씀이에요!"라고 말했다. 그들은 어떤 방식으로 하나님이 자신이 다리가 되기를 원하시는지 설명했다. 만약 그토록 모든 것을 잘 이해하시는 하나님께서 우리에게 당신의 다리

"내 아들아, 나는 너를 다리가 되라고 불렀다." - 소기도실에서 기도하고 있는 대천덕 신부. 1995년.

가 될 수 있는 기회와 특권을 주셨다면, 그 대가가 무엇이든 그것은 가치 있는 일이었다.

저녁 시간이 시작되었을 때, 우리가 전에 보지 못했던 일을 하나님께서 하시리라는 말씀이 나왔다. 매번 모일 때마다 하나님은 예언을 통해 말씀하셨다. 땅을 흔드는 계시와 같은 방식은 아니었지만, 작은 화살로 쏘는 말씀이나 위로하는 말씀을 각 사람에게 주셨다. 하나님께서 말씀하시기 전에는 아무도 감히 먼저 말을 할 수가 없었다.

가톨릭 신자인 모라 수녀와 파렐 신부에게 '성모'에 대해 이야기하라는 예언의 말씀이 주어졌다. 많은 이들이 이상하게 생각했다. 두 사람은 예수님의 어머니가 그들 각자에게 의미하는 바를 설명했다. 그 말에는 잘못 사용된 말도 없었고, 개신교 신자가 반대할 만한 말도 없었다. 그들의 말은 아름다웠다. 여러 교파의 신자들이 서로에게 마음을 열면서 우리 사이에 있던 벽이 허물어졌다.

그때 예수원 고양이가 구슬프게 울면서 방으로 들어와 제단 아래 숨었다. 고양이가 불쌍하게 울어 대자, 동물 보살피는 일을 하는 마돈나 수녀가 고양이를 달래려고 애썼다. 그래도 고양이가 잠잠해지지 않자, 누군가가 성령님의 감동을 받아 자신이 고양이에 대해 잘못된 마음과 잔인한 태도를 가지고 있었음을 고백했다. 그때 고양이의 울음소리가 멈춘 것이 분명하다. 왜냐하면 우리는 고양이에 대한 생각을 까맣게 잊은 채, 한국에 동물을 관리하는 직업들이 필요하다는 예언과, 하나님이 자신을 동물을 위한 치유 사역으로 부르신다는 몇몇 사람들의 고백을 30분 넘게 들었기 때문이다. 이것은 특히 예수원에 특별한 의미가 있었다.

성령님은 우리의 필요에 민감하셨다. 몇몇 사람들이 말하기를 주저하자 성령님은 "모두가 한 번씩 이야기하기 전에는 누구도 두 번 이야기해서는 안 된다"고 말씀하셨다. 그러자 증거와 가르침과 예언으로 주어지는 성경말씀이 끊이지 않고 흘러나왔고, 이것은 모든 사람들이 성령님의 인도하심에 적극적으로 참여할 때까지 계속되었다. 성령님은 우리를 어디로 인도하고 계시는 것일까? 그분은 절반은 한국인이고 절반은 서양인인 이 모임을 하나로 만드셔서 당신의 몸으로 삼으시기를 얼마나 원하시는지 볼 수 있도록 우리를 인도하고 계셨다.

성령님의 기름부음을 받은 토의가 이어졌다. 우리는 우리가 어떤 면에서 서로 비슷하며, 어떤 면에서 서로를 필요로 하고, 또 어떻게 서로의 삶을 풍요롭게 할 수 있는지에 대해 이야기했다. 장성에서 온 손 목사는 이 산에 살고 있는 이들의 생활을 연구하기 위해 짧은 기간이지만 이곳을 방문한 적이 있었다. 그는 한국 민속 음악의 아름다움에 대해 이야기했고, 우리에게 노래를 한 곡 불러 주었다. 그것은 그가 직접 쓴 것으로서 한국 특유의 리듬에 맞춘 노래였는데, 하나님께 감사와 찬양을 드리는 내용이었다. 우리는 모두 그 노래를 좋아했다. 그래서 그와 함께 그 노래를 부르면서 춤을 추었다. 지금도 우리는 그 노래를 부르고 있다.

"오직 여호와를 앙망하는 자는 새 힘을 얻으리니 독수리의 날개

치며 올라감 같을 것이요 달음박질하여도 곤비하지 아니하겠고 걸
어가도 피곤하지 아니하리로다”(사 40:31).

21

성령은 일하신다 (2)

정해진 일정 없이 모임을 갖는다는 것이 정말 가능한 일이었을까? 우리가 어떻게 감히 찬송도, 성경구절도, 설교도 준비하지 않은 채 주님께 모든 것을 맡길 수 있었을까? 그런 우리의 모습이 어리석게 보일 수도 있었고, 더 나아가 주님께서 흠 없는 진리의 말씀을 통해 우리를 난처하게 하심으로써 모든 것을 무너뜨리실 수도 있었다! 예수원 식구들과 손님들은 정말이지 모험을 감행하고 있었다.

이렇게 모임을 진행했던 첫 이틀은 우리의 마음을 사로잡았다. 하나님의 인도를 깨달으며 우리의 말이 아니라 그분의 말씀을 듣는 가운데, 정신이 열리고 마음이 따뜻해졌다. 하나님께서는 성령 학교의 초보자들인 그의 자녀들을 부드럽고도 사랑스럽게 대하셨다. 이 위험한 길을 계속 따라가면 이보다 더 어려운 수업을 받게 될 때가 있을까?

여고생 두 명은 겁을 먹고 떠나 버렸다. 그러나 그들의 친구인 에디는 남아서 성령으로 충만해졌다. 수년이 지난 후, 에디의 아버지는 그녀가 아프리카에서 활력있게 복음을 전하며 치유 사역을 하고 있다는 소식을 전해 주었다. 그녀를 그분의 것으로 되찾아 사용하신 하나님을 찬양한다.

예수님을 믿지 않는 어떤 모녀가 예수원을 찾아왔다. 그들에게는 도움이 절박하게 필요했다. 두 사람은 예수님을 영접했고, 성령 세례를 받았다. 그로부터 몇 년 후, 많은 친구들이 이 어머니의 이야기가 실린 '가이드포스트' 잡지를 여러 권 보내 주었다. 두 사람이 처해 있던 그 절박한 상황은 해결되었고, 그후에 온 가족이 구원을 얻었다고 했다. 그 어머니는 이 모든 것이 자기 집에서 하인으로 일했던 한 파키스탄 친구의 기도 덕분이라고 담대하게 말하고 있었다. 그 친구는 이 어머니가 예수원에서 열리는 스튜브 신부의 모임에 참석하게 되기를 신실하게 기도했던 사람이었다.

셋째 날, 조 목사님이 서울에서 돌아왔다. 그는 개인적인 일로 며칠 간 예수원을 떠나 있었는데, 돌아오는 날짜가 정해져 있지 않았다. 그러나 하나님은 이 놀라운 주간에 우리가 함께 지낼 수 있도록 그를 돌아오게 해주셨다. 여러 해 동안 성령님께 순종해 온 그에게는 이런 종류의 모임이 낯설지 않았다. 이 모임에 참석하면서 하나님의 임재의 향기를 느낀 그는 압력을 받아야만 흘러나오는 기름과 향료에 대해 짧고도 아름다운 설교를 했다.

증을 주시는 것일까?

금요일 오후, 우리는 대기도실에서 차를 마신 후에 전처럼 둥그렇게 둘러앉아 주님을 기다렸다. 린다가 낯선 방언으로 하나님이 주신 말씀을 전했다. 그 말은 린다의 어머니인 수가 "린다, 그만!"이라고 외칠 때까지 계속해서 반복되었다. 우리는 이에 대한 통역이 나오기를 한참 동안 기다렸다. 마침내 윌리가 통역을 했지만, 단 두 문장만 통역하고 입을 다물었다. 침묵 가운데 아처는 자신이 나머지 부분을 통역할 수 있다는 것을 깨달았다. 그 내용은 우리 가운데 한 사람에게 더 이상 하나님으로부터 도망치지 말고 그분의 사랑을 받아들이라는 길고도 열렬한 요청이었다. 그야말로 가슴을 찢는 듯한 이 말씀이 누구를 향한 것인지 모두 궁금해했다. 그러자 하나님이 말씀하셨다.

"너희가 생각하는 사람이 아니다. 더 이상 추측하려 들지 말라."

그래서 우리는 잠잠히 기다렸다.

6시가 거의 다 되었다. 문제의 그 사람은 폐회를 알리는 종이 울림으로써 이 궁지를 벗어나게 되기를 기다리는 것 같았다. 성령님은 스튜브 신부를 통해 "종이 울리기 전까지 회개하지 않으면 기회를 잃게 될지도 모른다"고 말씀하셨다. 다시 한 번 긴 기다림이 있었고, 드디어 6시 20분에 홍식 형제가 나가서 종을 쳤다. 그 메시지가 누구를 위한 것인지 알고 있다고 생각한 아처는 절망감에 사로잡힌 채 우리 방으로 올라가면서, 한 젊은이가 기회를 잃었다는 생각에 비통한 눈물을 흘렸다.

계단을 오르는 아처를 지켜보던 조 목사님은 상처받아 기진맥진한 그의 걸음걸이와 모습에 견딜 수 없는 마음이 되었다. 그는 울면서 아처를 따라 올라가 그를 끌어안았다. 그들은 몇 분 간 함께 울었고, 아처는 한 젊은이가 기회를 잃었다는 생각을 떨치지 못한 채 부르짖었다.

"안 돼, 안 돼, 안 돼!"

이윽고 조 목사님은 아처를 일으켜 세워 아래층으로 데리고 왔다. 앉아 있던 사람들은 미동도 하지 않았으며 한마디 말도 하지 않았다. 두 사람은 나란히 섰고, 조 목사님은 자신의 비밀스러운 죄를 고백했다. 그는 서울에 있는 빈민가의 교회를 맡기로 이미 결정했는데, 그 말을 하면 이 모임을 망칠까 봐 두려워서 우리에게 알리지 않았다고 했다. 이 고백으로 충분한 것 같았다. 그러나 다른 예언들이 나왔다. 스스로 생각하고 계획하며 누구의 마음도 다치지 않도록 말할 수 있는 재주를 가진 사람은 아무도 없다는 말씀이었다. 오직 하나님만이 그렇게 하실 수 있다. 오직 하나님만이 그렇게 할 권리를 가지고 계시다. 점점 더 많은 압력이 조 목사님에게 가해졌다. 그때 기적이 일어났다! 그가 갑자기 제단을 향해 무릎을 꿇고 외친 것이다.

"당신이 옳습니다! 당신이 옳습니다! 저는 교만한 사람입니다!"

그는 눈물을 흘리며 죄를 고백했고, 우리는 용서의 기도를 드렸다. 모임은 그렇게 끝났다.

그곳에 무거운 영이 있었던가? 아니었다. 무거운 영은 사라졌고,

구보다 우리의 필요를 잘 알고 계셨다.

이번 한 주 간의 모임에 대해 하나님께 찬양과 감사를 드리자는 조 목사님의 말씀과 함께 대도가 시작되었다. 찬양이 시작되었을 때, 수가 하나님께 예언을 받아 큰 소리로 말했다.

"너희가 나에게 순종하지 않으면 너희의 찬송은 내 입에 먼지와 같다!"

그 외에도 더 많은 말씀이 있었지만, 아처는 통역하지 않기로 했다. 그 예언이 전혀 적절하지 않다고 생각한 아처는 고린도전서 14장 28절 이하에서 예언자는 자신을 통제할 수 있어야 한다고 말씀하신 것을 염두에 두었다. 다시 한 번 중보기도의 시간을 가졌는데, 수가 또 한 번 일격을 가했다.

아처는 모임의 질서가 어떻게 지켜져야 하는지 보여 주기로 마음먹고, 원장이자 사제로서 자신이 가지고 있는 권위를 상기시키면서 조용히 하라고 명했다. 그러자 수를 통해 "너는 너의 권위가 나의 권위보다 더 높다고 주장하고 있다"는 말씀이 나왔다. 그 외에 다른 말이 나오자, 아처 뒤에 앉아 있었던 월리가 "저 말씀을 통역하셔야 할 것 같습니다"고 말했다. 아처는 그렇게 했다. 그러자 수를 통해 "이제 다시 네 권위를 주장할 필요가 없다. 내가 이 여인을 조용히 시키겠다. 이 여인은 이 모임에서 더 이상 말하지 않을 것이다"는 말씀이 주어졌다. 그 말과 함께 수는 잠잠해지더니 울기 시작했다.

나중에 수는 하나님이 왜 그런 말을 하도록 몰아가시는지 자신은 몰랐다고 했다. 그러나 이제는 공평해졌다. 하나님께서 하루는 조 목사님을 낮추시더니 이번에는 아처를 낮추셨다. 수는 주님께서 점심식사 이후에 두 사람을 비롯하여 모든 사람에게 이야기하라고 하셨다고 했다.

조 목사님은 예언에 대한 성경말씀들을 검토할 생각으로 수를 자신의 방으로 초대했다. 이 말을 들은 아처는 그것이 권고보다는 비난이 되리라는 생각에 아연실색했다. 그러나 아처가 걱정할 필요는 없었다. 그 가르침은 아주 건전한 것이었고, 수는 그것을 잘 받아들였다. 그러나 수가 자신의 행동을 해명하고 싶다고 하자 아처는 다시 한 번 놀라지 않을 수 없었다. 그래서 물 위에 떠 있는 기름은 연료로 변해 불길을 일으키기 쉽다고 말하면서, 해명은 문제를 악화시킬 수도 있다고 했다. 굳이 문제를 건드리지 않는 편이 나을 것 같았던 것이다. 이 매력적인 서양 여자는 자신이 동양의 예절을 알고 있다는 것을 보여 주었다. 그녀는 아처는 물론 조 목사님과 그의 아내 샤론, 그리고 조 목사님의 장모인 장 권사님 앞에 얌전하게 무릎을 꿇고 앉더니, 놀라운 이야기를 했다.

우리가 조도를 드리는 동안, 수는 자신의 방에서 하나님의 말씀을 들었다고 했다. 하나님은 그녀가 아처의 권위에 도전하게 될 것이라고 말씀하셨다. 수는 '이게 대체 무슨 말씀일까? 그는 내 믿음의 아버지이고 이곳은 내가 사랑하는 성공회 교회인데, 그리고 내가 여기에서 드리는 예배를 얼마나 사랑하는데!' 라고 생각했다. 하나님은 아무도 수의 말을 입증해 주지 않을 것이고 모든 사람들이 수를 반대할 것이라고도 하셨다. 수는 예수 그리스도의 대사가 지녀야 할

예수원의 조직 편성과 장로들에 대한 발표를 단연코 옳은 것으로 받아들였다. 아처가 설교를 마치자 샤론이 오르간으로 '진실로 선함과 그 인자하심이 날마다 함께 하시리라'는 찬송을 연주했다. 모든 이들의 입에서 즐거운 노래가 터져나왔다. 아처와 조 목사님은 일어나서 춤을 추기 시작했고, 곧 모든 사람들이 일어나서 하나님을 찬양했다. 기쁨이 그곳을 흠뻑 적셨다!

예수원의 새로운 체제에 대한 소식은 서울에 있는 친구들에게 즉시 퍼져 나갔다. 주중에 우리 모임을 떠나야 했던 하이디는 이 소식을 듣고 말했다.

"서울로 돌아가는 기차 안에서 예수원을 위해 기도했는데, 네 사람의 얼굴이 눈앞에 떠올랐어요!"

그 네 사람은 바로 새로 임명받은 장로들이었다! 이것은 또 하나의 확인이었다.

주일은 안식과 은혜로운 묵상의 날이었으며, 하나님의 사랑스러운 임재로 가득 찬 날이었다. 우리는 월요일 아침에 조 목사님이 자신의 앞길을 준비하는 일로 서울에 간다는 것을 알고 있었다. 조도 시간은 보통 때와 같이 시작되고 끝이 났지만, 새로운 것이 하나 추가되었다. 늘 하듯이 시편 한 편과 두 군데의 성경 본문을 읽은 후, 성령님께서 한 사람에 이어 또 다른 사람을 지적하셔서 그날 읽은 성경의 교훈에 대해 이야기하고 예언하게 하신 것이다. 조 목사님은 큰 영감을 받았다. 그의 입에서 참으로 기름부음 받은 말이 흘러나왔다. 듣는 이들은 전율을 느꼈고, 조 목사님 자신도 놀랐다. 그는 경이감과 완전한 굴복의 마음으로 자신이 한 말을 진심으로 받아들였고, 하나님이 자신에게 말씀하고 계시다는 것을 깨달았다. 그것은 마치 〈쿼바디스〉라는 책에서 사도 베드로가 로마로 돌아가라는 하나님의 말씀을 들은 것과 같았다. 지금은 그때 목사님이 했던 말을 정확하게 기억하고 있는 사람이 없지만, 그 내용이 무엇이었든 간에 그것은 의심의 여지 없이 하나님이 그에게 주신 인도의 말씀이었다.

우리는 한 시간 후에야 이 사건을 알았다. 그동안 조 목사님과 샤론은 주님의 말씀에 대해 의논할 시간을 가졌다. 그들은 먼저 아처의 사무실로 갔고, 내 방에도 와서 하나님이 하고 계시는 일과 자신들의 반응에 대해 이야기해 주었다. 그들은 그동안 우리에게 염려를 끼쳐서 미안하다고 하면서, 이제 자신들이 예수원에 남아서 함께 일하며, 강원도를 그들의 사역지로 삼기를 하나님이 원하신다는 것을 확실히 알게 되었다고 했다. 그들은 기쁘게 이 인도를 받아들였다. 계획대로 서울에 가기는 하겠지만, 그 목적은 '일을 정리'하고 계획이 변경된 것을 알린 다음 하루 빨리 돌아와서 예수원 사역에 완전히 몰두하려는 데 있었다.

나는 믿을 수가 없었다. 이것이 바로 수가 예언한 바대로 조 목사님에게 확신을 줄 기적이었다. 그러나 그 기적을 얻기까지는 예정된 닷새도 채 걸리지 않았다! 이 소중한 사람들, 하나님이 선택하신 사람들은 약속을 지켰다. 그들은 돌아와서 6년 간 우리와 함께 사역했다!

"……여호와여, 주께서 전에는 내게 노하셨사오나 이제는 주의 진

- 농장부는 파종을 위해 밭에 있는 잡목을 치울 것.
- 전도사를 필요로 하는 광동교회 문제를 어떻게 해결할 것인지 결정하기.
- 예수원을 떠나는 사람이 일자리를 구할 수 있도록 도울 것.
- 귀가 아픈 사람이 있는데, 그가 병원에 가야 할지 여부를 결정하기.
- 집을 유지하는 데 필요한 것들이 충족될 때까지 수당을 유보할 수 있는지 결정하기.

이렇게 해결해야 할 일들이 많이 있는데도 회의할 시간이 충분하지 않을 때는 하나님의 도움이 절대적으로 필요했다. 이들은 서로의 생각과 성령님의 생각에 복종하려고 애썼다.

우리 양 떼들을 방목하고 있는 갈전에서 몇 번 전화가 왔다. 그 교회에 목회자가 필요하다는 연락이었다. 그 교회를 담임하던 강 목사님이 2년 전에 은퇴하면서 우리에게 교회와 땅을 넘겨 주었지만, 우리는 거기에 있는 양 떼를 돌볼 형제 한 명 외에는 다른 사람을 보낼 여력이 없었다. 강원도에서 예수원과 함께 머무르라는 계시를 받은 조 목사님은, 그것이 곧 예수원과 발맞추어 일해 나갈 분원을 세우고 갈전에 있는 교회를 목회하라는 뜻임을 알았다. 이것이 하나님의 인도라는 데 모든 이들이 동의했지만, 기대와 낙담을 반복했던 우리의 마음속에는 거리낌도 없지 않았다. 처음에는 조 목사님이 서울에 간다고 했다가, 그다음에는 남았다. 그리고 예수원은 지금으로서도 이미 우리에게 버거운 규모인데, 이제 그를 통해 더 큰 규모로 확장하게 되었다.

건축을 시작하기 위한 계획이 세워졌고, 우리의 뛰어난 건축가인 나사로가 총책임을 맡았다. 분원이 세워질 교회 앞에는 훌륭한 땅이 펼쳐져 있었다. 그 옆에는 강이 흐르고 있었고, 저만치 산이 보였다. 아름다운 환경이었다. 우리는 시멘트와 벽돌과 목재를 모았고, 리차드 러트 주교님의 방문에 맞춰 5월 30일에 집의 기초를 놓기 시작했다.

주교님은 견진성사를 위해 왔는데, 안타깝게도 예정보다 하루 늦게 오는 바람에 견진성사를 받기로 했던 사람들 중 서울에서 온 미국인 7명은 학교로 돌아가야 했고, 3명의 형제들은 갈전으로 일하러 가야 했다. 그러나 아직도 남아 있는 사람이 17명 있었고, 그중에는 옌시와 버니와 성준이와 난희도 있었다. 이 모임은 매우 특별했다. 왜냐하면 우리 모두 그들이 성령님을 받게 해달라는 주교님의 기도에 동참했기 때문이다. 또한 우리의 새로운 사업인 갈전의 분원 현장을 그에게 보여 주는 것도 중요한 일이었다.

다음날 아침, 주교님과 그의 아내 조안과 아처는 주교님의 차를 타고 15마일을 달려 갈전으로 갔다. 나머지 사람들은 버스를 타고 갔다. 보통 예수원에서 정오에 드리는 대도 시간에 그들은 교회에 모였고, 주교님은 그 전날 견진성사를 받지 못한 3명의 형제들에게 견진성사를 주었다. 견진성사 후 우리는 모두 교회 밖으로 나가 그 집의 기초를 축복했다. 그리고 그곳에 '세례 요한의 집'이라는 이름을 붙였다. 그 옆으로는 여름이면 세례를 주기에 아주 좋은 강이 흐

르고 있었기 때문에 우리는 그 이름이 아주 알맞다고 생각했다.

점심식사 후, 얼마 안 되는 일행은 주변 경치를 둘러보았다. 그 근처에는 전에 은광이었던 동굴이 있었고, 강 굽이에는 수영하기 좋은 호수가 있었으며, 산에는 늦봄에 나는 식물들이 많이 있었다. 조안은 여러 해 동안 찾아 헤맸던 클레마티스를 비롯하여 갖가지 식물들을 한아름 꺾었다. 분원 건축이 진행되면서 우리는 이 계곡에서 다양하고 새로운 동식물들을 발견하는 기쁨을 누렸다. 한편 조 목사님은 건물을 다 지을 때까지 몇 달 간 더 예수원에서 살기로 했다.

이렇게 우리가 갈전에 터를 잡고, 집의 기초를 놓고, 조 목사님이 강 목사님의 교회를 맡기로 결정한 후, 이상한 일이 일어났다. 미국으로 돌아가는 윌버 맥아피 선교사가 우리에게 50마리의 양을 준 것은 1년 전의 일이었다. 우리는 처음에 예수원에서 양을 돌보았지만, 그곳이 양을 방목하기에 적합하지 않다는 것을 깨달았다. 그때 갈전에 있는 넓고 평평한 계곡에 양들을 방목해야겠다는 생각이 섬광처럼 떠올랐다. 그 땅은 우리에게 이미 주어진 것이었지만, 한 번도 우리 것이라고 주장한 적이 없었다. 강 목사님은 우리의 요청을 받아들였고, 양 떼와 한 명의 형제가 갈전에 자리를 잡았다. 이들은 지금 우리가 진행하고 있는 중요한 일의 기초를 닦았다.

그런데 이렇게 이 일에 헌신하기로 한 터에, 또 다른 선교사인 스탠리 미첼이 이 목사님이라는 사람과 함께 찾아와 '착오가 있었다'고 했다. 우리는 깜짝 놀라지 않을 수 없었다. 이들의 말에 따르면 그 양 떼는 사실 윌버 맥아피의 소유가 아니라 어느 여학교의 소유라는 것이었다. 그들은 양을 다시 데려가 팔아서 그 돈을 여학교에 갖다 주어야 한다고 했다. 우리는 양 떼들을 통해 삶의 교훈을 배우고 우리 몫의 땅에 대한 권리를 주장할 수 있게 된 것에 감사하면서 양들과 작별을 고해야 했다! 양들의 임무는 끝났다. 하나님은 그들을 보내셨고, 그들을 사용하셨다. 이제 우리에게는 양이 필요하지 않았다. 하나님의 방법은 얼마나 놀라운가!

조 목사님 가족과 같은 집에서 마지막으로 함께 보낸 그해 여름은 생기가 넘쳤다. 아이들은 집 안팎을 들락날락거리며 작은 강에서 낚시를 하고 갈전에 수영하러 다니는 등 마지막 순간까지 쉴새없이 놀았다.

시련도 있었다. 유능해 보여서 회계를 맡겼던 나이 든 남자분이 계속해서 수상한 일을 했고, 결국에는 조 목사님과 아처를 고소하려고까지 했다. 한 자매는 바닥에서 설거지하는 습관을 버리지 않으려고 했을 뿐 아니라 다른 일에서도 억지를 부려서 떠나보내지 않을 수 없었다. 또 재활을 위해 부산에서 온 다른 자매는 처음에는 마음이 열려 있고 긍정적인 것 같았는데, 심각한 규칙을 위반해서 결국 돌려 보내야 했다. 그녀는 그 이후에도 전혀 변화되지 않은 채 예수원으로 여러 차례 돌아오곤 했다. 또 조 목사님이 깡패였던 사람을 회심시켜서 친구로 삼고 교육을 받도록 도와주었는데, 그가 예수원을 들락날락거리며 근심거리를 안겨 주는 일도 생겼다. 이런 것들은 우리가 겪은 문제의 일부에 불과했다. 이처럼 어찌할 수 없도록 우리를 낙심시키는 일들이 생겼음에도 불구하고, 조 목사님은 예수님을 위해 예수원과 분원의 일을 계속하기로 결심했다.

승리와 격려가 되는 일도 있었다. 두 명의 메노파 학생들이 미국의 고센 대학에서 와서 우리 농사를 도와주었다. 그들의 이름은 존 루프와 톰 밀러였다. 이들은 농사를 아주 중요하게 생각했고 하루 종일 잡초를 뽑는 일을 하면서도 무척 만족스러워했다. 그들은 심지어 잡초들이 이렇게 빨리 자라는데 자신들이 관광 여행을 가도 괜찮은지 묻기까지 했다. 마을 사람들은 이들의 부지런함에 매우 놀랐고, 우리 형제들도 마찬가지였다. 이들은 평범하지 않았다. 이들은 "무엇을 하든지 다 하나님의 영광을 위하여 하라"는 고린도전서 10장 31절 말씀의 좋은 예가 되는, 아주 드문 젊은이들이었다.

그 두 사람과 거의 같은 시기에 세 명의 신학생들도 찾아왔다. 그들은 수업을 전폐한 채 믿음의 실체를 찾아 왔다. 책이나 교회 정치 속에서 그것을 찾을 수 없었던 세 사람은 꿈과 비전과 하나님과의 만남을 잃어버린 상태에 있었다. 그들은 살아 계신 하나님의 참된 계시 없이는 더 이상 이대로 살 수 없으며, 그렇게 사느니 차라리 사업을 하거나 교육대학으로 돌아가거나 시장에서 채소를 파는 것이 낫다고 했다.

이들은 소기도실에서 두 번의 긴 수업을 하는 가운데, 많은 고민과 회의를 털어놓았다. 이렇게 자유롭게 이야기를 하게 되면서 깨달음이 오기 시작했다. 아처와 조 목사님은 각각 따로 사역했지만, 두 사람 모두 기도하고 성령 세례를 받으며 그리스도를 중심에 모실 때 해결하지 못할 문제가 없다는 사실을 이들에게 확신시켰다. 만도 후에 그들은 다시 만났다. 이번에는 대화를 위해서가 아니라 오직 기도를 위해서였다. 그들이 대화하는 동안 곁에 서서 들으셨던 예수님은 이 학생들이 자신의 죄를 고백하고 마음의 상처와 소원을 드러냈을 때, 그들에게 응답하셨다. 그들은 눈물을 흘렸고, 깊은 곳까지 정결케 되었다. 이들이 그 동안 비판적으로 보아 왔던 두 가지 모습이 이들에게도 자연스럽게 나타났다. 그것은 바로 '감정주의'와 '신비주의'였다. 하나님과의 진정한 만남에 어찌 이 두 가지가 빠질 수 있겠는가?

다음날 아침 이들은 자신들과 하나님에 대해 놀라워하면서, 숨막히는 기쁨을 표현하며 떠났다. "그런즉 누구든지 그리스도 안에 있으면 새로운 피조물이라"(고후 5:17).

여름이 끝날 무렵, 점점 더 많은 이들이 봉사하기 위해 우리를 찾아오고 있었다. 아처와 조 목사님은 낮에 손님들을 만나는 일과 예수원을 운영하는 데 필요한 노동을 교대로 했다. 아처는 "알버트(조 목사님)와 다른 형제들이 폭풍이 지나간 흔적을 치우느라고 말처럼 일할 때 소기도실에 앉아 있으려면 약간 죄스러워"라고 말했다. 그러나 이럴 때는 일을 분담할 수밖에 없었다. 영어권 손님들이 왔을 때, 아처는 밖에서 나는 소리에 귀를 곤추세우지 않으려고 애쓰면서 소기도실에서 함께 기도했다.

밖에서는 그 전날 밤에 내린 큰 비에 트럭이 뒤집혀 연못에 빠진 일 때문에 고심하고 있었다. 이 트럭을 끄집어내서 언덕까지 끌어올리려면 큰 트럭을 얻어야 했다. 아처는 기도하는 가운데, 작은 트럭

터와 픽업 트럭이 먼저 시동을 걸고 연이어 덤프 트럭이 시동을 거는 것을 어렴풋이 느꼈다. 이것은 그의 상상이었을까?

바로 그때, 누군가가 소기도실로 들어와 덤프 트럭을 꺼내서 바로 세워 놓았다는 소식을 전했다. 우리는 덜그덕거리는 덤프 트럭 체인 소리를 듣고 트럭이 제대로 움직인다는 사실을 알 수 있었다! 아처는 하나님의 인도를 받아, 자신이 기도해 주고 있던 사람 중 하나에게 이렇게 말했다.

"당신의 모든 문제는 연못에서 꺼낸 트럭처럼 해결될 것입니다."

조 목사님이 갈전으로 이사갈 시간이 왔다. 우리에게는 이 날이 너무나 빨리 온 것처럼 느껴졌다. 이사하기로 한 9월 26일 하루 전날 밤, 모든 이들이 한 자리에 모였다. 한쪽에는 예수원 사람들이, 그 반대편에는 분원 사람들(조 목사님 가정과 프란시스, 솔로몬, 나사로가 갈전으로 가기로 했다)이 앉았다. 우리는 '사랑의 띠로 하나가 되었습니다'와 '성령 안에서 하나'라는 찬송을 불렀다. 아처와 알버트는 우리가 이제 성년이 되었으며, 서로 분리해야 할 때라는 내용으로 설교했다. 우리는 울지 않으려고 게임도 하고 간식도 먹었다. 집에서 만든 초(초는 등유 램프와 함께 아직도 우리의 조명기구 노릇을 하고 있었다)를 조 목사님 가족에게 하나씩 나누어 주었다. 조 목사님에게는 가장 긴 초를, 샤론에게는 좀 작은 것을, 아이들에게는 그보다 좀 더 작은 것을, 세 살 된 성대에게는 가장 작은 초를 주었다. 성대의 초는 아주 작았지만 아버지의 초만큼 밝게 빛났다. 언젠가는 성대도 자기 아버지처럼 설교를 잘하게 될지도 모른다.

성대의 초는 아주 작았지만 아버지의 초만큼 밝게 빛났다.
-조 목사님 가족이 떠나기 전날 밤에 모인 예수원 가족들. 1973년.

24

손님들 (1)

조 목사님 가정이 예수원에서 15마일 떨어져 있는 갈전 세례 요한의 집으로 일을 시작하러 떠났을 때, 우리는 상실감을 느꼈다. 그는 예수원의 공동 책임자로서 하나님과 더 가까이 동행하라고 늘 우리에게 도전했으며, 모든 질문에 늘 단도직입적으로 대답했고, 우리를 낙담시키려는 적의 공격을 늘 재빨리 극복했으며, 그 누구보다 큰 열정으로 늘 복음을 선포했다. 또한 그의 아내 샤론은 자제력과 지성과 결단력과 헌신적인 충성으로 그의 열정에 균형을 잡아 주었다. 음악과 탁월한 회계 능력과 아이들을 돌보는 손길과 우리를 위로해 주던 그녀의 우정이 정말 그리울 것 같았다.

엔시와 동갑내기인 아홉 살짜리 성준이는 우리 앞에서 진지한 그리스도인으로 자라났다. 버니와 동갑내기인 여섯 살짜리 난희는 버니의 단짝 친구였다. 두 아이는 항상 같이 다녔고, 마음이 맞지 않는 일로 토라져서 각자 엄마에게로 갔다가도 금세 다시 어울리곤 했다. 세 살짜리 성대는 모든 사람에게 즐거움을 주는 재롱둥이였다. 어느 날 성대가 '주 예수보다 더 귀한 것은 없네'라는 찬양을 처음부터 끝까지 목청껏 부르는 것을 보고, 우리는 이 어린아이를 진지하게 대해야겠다고 생각했다.

비록 조 목사님 가정이 떠나 있기는 하지만, 우리는 여전히 함께 일하면서 공동체를 세우도록 노력하며, 우리를 찾아오는 사람들의 영적인 필요와 노동의 필요를 잘 채워 주기 위해 노력할 것이다. 그들과 함께 보낸 4년 동안 우리는 분명히 성장했다. 이 성장은 소중한 유산이었지만, 그들은 이에 덧붙여서 또 하나의 소중한 선물을 남겨 두고 갔다.

그 선물은 바로 샤론의 부모님이었다. 예수원에 남은 그분들은 우리에게 큰 격려가 되었다. 김모세 장로님은 한때 부산 동래구 구청장을 지낸, 아주 존경받는 분이었다. 후에 그는 영적인 고난을 받았는데 그때 하나님의 치유하시는 손길을 체험하고 새사람이 되었다. 그는 사업가로서나 정원사로서나 능숙한 분이었다. 그의 아내인 로이스 권사님은 얼마 전까지 여자고아원 원장으로 일했다. 권사님은 심리학적인 통찰과 관심, 깊은 영적인 헌신과 행정적 경험, 그리고 그 누구도 거절할 수 없는 친절함으로 예수원에 도움을 주었다. 마크 베네딕트라는 한 미국인 학생이 긴 금발 곱슬머리를 바람에 날리며 예수원으로 터벅터벅 걸어 올라왔을 때, 그를 따뜻하게 환영해 준 사람은 바로 로이스 권사님이었다. 마크는 후에 "권사님이 저를 맞아 주시고 아름다운 미소를 지어 주셨을 때, 예수 그리스도를 저의 구세주로 받아들일 수밖에 없었어요!"라고 말했다. 이것은 영어로든 한국어로든 어떤 말도 오가지 않은 채 이루어진 일이었다. 오히려 말로 했다면 서로 이해하지 못했을 것이다.

모세와 로이스는 성숙한 신자들이었고, 그 당시 그들이 우리와 함께 있었던 것은 참으로 행운이었다. 만약에 그들보다 성숙하지 못한 사람들이 지도자로 있었더라면, 그 당시 봇물처럼 예수원을 찾아오기 시작한 외국인 학생과 히피 무리들 앞에 예수원 식구들은 기가 꺾여 버리고 말았을 것이다.

랜디 체셔는 한국에 와 있는 선교사의 아들이었는데, 부모님의 안식년을 맞아 미국에 갔다가 테네시 주 내슈빌에 있는 '시편 23편'이라는 모임을 통해 전적으로 회심하고 돌아왔다. 그 모임은 랜디가 성령 세례를 받도록 도와줌으로써, 그 부모님의 신앙이 옳다는 것을 확인시켜 주었다. 성경을 들고 다니면서 기회가 날 때마다 하나님의 말씀을 전하던 그는 믿지 않는 친구들을 데리고 예수원에 와도 되겠느냐고 우리에게 물었다. 그는 예수원이야말로 도시와 마약과 다른 유혹들로부터 떠나서 사랑과 하나님의 말씀으로 그들에게 접근하기에 딱 알맞는 장소 같다고 했다. 우리는 하나님이 예수원을 그렇게 사용하신다면 정말 굉장하겠다고 생각하면서, 그 즉시 승낙했다.

늘 그렇듯이 우리는 준비가 되어 있지 않다고 느꼈다. 그러나 랜디가 그들을 주로 상담할 것이고(우리는 필요할 때 도우면 될 것이다), 그 젊은이들이 각자 침낭을 가져올 수도 있다는 데 생각이 미쳤다. 우리는 우리의 일상 생활을 계속하는 가운데 그들이 우리 생활에 참여할 수 있도록 해주고, 하나님이 우리 가운데 행하신 일들을 나눌 기회를 찾으면 되는 것이다.

그런데 랜디를 따라오려는 사람들이 과연 있을까? 이 궁금증은 얼마 되지 않아 풀렸다. 하루는 창문을 내다보니 랜디가 기타를 메고 언덕을 올라오고 있었다. 그런데 그 뒤에 따라오는 사람은 두세 명이 아니라 무려 열 명이나 되었다! 그는 세 명의 친구들과 함께 오는 길에 기차에서 기타를 치면서 복음송을 불렀다고 한다. 그때 기차 안에서 같이 오고 싶어하는 친구들을 사귀었던 것이다. 그들 중 그리스도인은 일부였고 대부분이 비그리스도인이었다. 그들은 이 외국인(게다가 금발머리까지 길게 늘어뜨린) 청년을 따라 저 멀리 산에 있는 어딘가로 간다는 생각에 호기심이 끌려 그를 따라 나서기로 했다.

랜디는 주말에 자신이 할 일도 미리 준비해 왔다! 우리는 이들의 방문을 한껏 즐기는 한편, 뒤에서 그를 지원해 주기 위해 노력했다. 이것을 시작으로 여러 달 동안 젊은이들을 비롯한 여러 사람들과 흥미진진한 사역을 계속 할 수 있었다. 그들은 대부분 외국인들이었다.

한번은 한꺼번에 30명이 연락도 없이 찾아왔다. 이러한 상황이 벌어지자 우리는 완전히 새로운 방향을 잡을 수밖에 없었다. 우리는 일상적인 습관이나 계획이나 기대에 따라 생활할 수 없었으며, 다만 정신을 차리고 서서 하나님이 다음에 준비하시는 것이 무엇인지 지켜볼 수밖에 없었다. 아처는 매우 엄격하고 생산적인 계획표를 짜 놓았다. 그러나 필요할 때는 하나님의 은혜로써 모든 계획을 제쳐 놓은 채, 그 순간의 기회를 놓치지 않고 신랄하고도 애정 넘치는 대화와 기도를 함께 나누었다.

로이스 권사님과 나는 사방에서 담요와 베개를 끌어모았다. 다다미가 깔려 있는 큰 다락방 두 개만 있으면 남자들과 여자들이 각각 한 방에서 모여 잘 수 있었다. 그리고 나는 이미 토리 가족을 위해 서양식 아침을 만들고 있었기 때문에 그것을 30인분으로 늘리지 못할 이유가 없었다. 우리 형제들에게는 황지에서 사 온 빵과 계란, 우리가 기르는 소에서 짜낸 우유가 있었고, 손님들은 커피, 시리얼, 주스, 잼, 그 밖에 흥미로운 것들을 가져왔다. 우리는 먼저 한국식 아침식사를 치운 후에, 다음 사람들을 위해 식탁을 다시 차렸다. 나는 우리 방(지금은 도서관이 되었다) 구석에 있는 가스 풍로에서 토스트와 계란을 준비했다. 나는 주로 계란을 삶아 크림과 섞은 '골든로드 계란'을 대접했는데, 그것을 토스트에 얹으면 좀 더 많은 사람들이 먹을 수 있었다. 내가 종종 이런 식으로 계란을 늘려 먹는 것을 본 라이드 라스뮤센이라는 사람은 "예수원행 버스 이름을 '골든로드 스페셜'이라고 해야겠는데요!"라고 말하기도 했다.

이렇게 해서 두 차례의 아침식사가 끝나면 커다란 냄비들을 꺼내서 그릇을 씻었다. 두 명의 미군 장교들이 바닥에 쭈그리고 앉아서 설거지를 한 적도 있었다! 점심과 저녁은 한 번에 다같이 먹었다.

젊은이들은 산에서 지내는 것을 좋아했다. 그들은 재미있게 생긴 나무와 마른 꽃과 바위와 그 밖에 다른 보물들을 찾기를 즐겼고, 사진 찍는 일과 하이킹도 즐겼다. 때로 길을 잃는 경우도 있었고, 사고도 두 번 있었다. 데이비드 리빙스턴이 머리가 피투성이가 되어 산에서 내려왔다. 강둑에서 넘어져 바위 위로 굴러 떨어졌다고 했다. 우리는 그의 머리를 캄프리 잎으로 싸매 주었고(우리는 이 치료법을 자주 사용했다) 그는 곧 괜찮아졌다. 그러나 휴고는 운이 그리 좋지 않았다. 그는 어디에선가 떨어졌는데, 산에서 실려 내려올 때까지 의식을 되찾지 못해서 병원에 가야 했다. 하나님은 손님들 중에 간호원을 보내 주셔서 그를 돌보게 해주셨다.

다른 사건들도 있었다. 그것은 사고라기보다는 하나님의 은혜를 아직 체험하지 못한 사람들이 미리 계획한 일이었다. 우리를 찾아온 젊은이 가운데 두 명이, 마을에서 옷감을 짜기 위해 재배하는 대마가 마리화나라는 것을 알아차렸다. 그들은 몰래 빠져 나가 농부들에게서 그것을 샀다. 농부들은 아주 실용적인 용도로 재배한 이 식물이 이렇게 오용된다는 사실을 몰랐기 때문에 경찰의 제재를 받을 때까지 이런 거래를 계속 했다. 그 두 젊은이는 긴 시간 산책을 나가서 대마를 배낭 가득 채워 왔다. 이들은 예수원에서 찬양 모임에 참석하고 신자인 체하는 것에 약간 죄책감을 느꼈다.

이들이 이 물건들을 감출 방법을 찾아 길을 걸어 내려가는데, 차 한 대가 그들 뒤에 와 멈추었다. 그들은 경찰에 잡히는 줄 알고 덜

불 속에 몸을 숨기려고 허둥거리다가 서로에게 걸려 넘어졌다. 이제 일이 어떻게 될까? 차 안에 타고 있던 두 남자는 이들의 존재를 눈치채지 못한 채 제 할 일만 하고는 그냥 가 버렸다. 이들은 안도의 한숨을 내쉬었고, 양심에 가책을 받아 대마를 남김없이 내버렸다.

그날 저녁, 이들은 소기도실에서 열린 찬양 모임 시간에 친구들에게 자신들의 비열한 행동을 고백하고 하나님이 어떻게 경고하시고 구해 주셨는지 이야기했다. 이들은 하나님 앞에 정결하게 되고 싶고, 성령님께 마음을 열고 싶다고 했다. 전에 린다가 이렇게 말한 적이 있었다.

"우리 젊은이들은 너무도 많은 유혹에 둘러싸여 있어서 하나님의 큰 도움이 필요해요."

소기도실에 함께 모인 젊은이들은 바로 이 도움을 찾고 있었다. 그들 대부분은 이것을 위해 순례의 여행을 온 것이었다. 그 외에 다른 복합적인 동기를 가지고 이곳에 온 이들도 이제 뜻을 같이하게 되었다. 하나님의 마음은 기쁨으로 가득 찼다. 우리 또한 그들 가운데서 역사하시는 하나님을 보며 가슴 떨리는 기쁨을 맛보았다.

이들은 서로를 위해 돌아가며 손을 얹고 기도했다. 구원을 위해, 상한 몸과 마음의 치유를 위해, 그리고 성령 세례를 위해 기도했다. 서로를 향한 예언의 말씀도 받았다. 눈물이 흘렀다. 하나님이 이들을 정결케 하시는 것이 분명했다. 전에는 사랑을 전혀 모르던 사람들이 이 모임에서 나타나는 사랑에 감동을 받았다. 이럴 때는 기적도 같이 일어났으며, 환상도 보였다.

"우리 젊은이들은 너무도 많은 유혹에 둘러싸여 있어서 하나님의 큰 도움이 필요해요."—예수원을 방문한 미국의 고등학생들. 1973년.

스커벡 씨의 가족은 모두 강력한 회심의 경험이 있었는데, 유일하게 스커벡 씨 한 사람만 회의적이었다. 어느 날 밤, 그는 예수원 앞에 있는 계단에서 건너편을 바라보다가 하나님이 임재하시는 것을 보았다. 또 한 번은 풀러 자매 세 사람 중 두 사람이 바로 그 자리에서 천사에게 둘러싸인 예수님의 환상을 보기도 했다. 두 사람이 본 환상은 똑같았다!

그 시기에 예수원을 오가는 사람들과 우리들을 하나님이 아주 세심하게 돌보아 주신다는 것을 생생하게 느끼게 해주는 일들이 생겼다. 한번은 주말에 15명의 미국인들이 왔는데, 여름 폭우 때문에 서울로 가는 도로와 전국 대부분의 도로가 유실되었다. 잭 더니건과 그의 아내 카테리나는 주일에 떠나야 했다. 그런데 기차를 타려면 마차리 역까지 8마일이나 되는 길을 산을 넘어 걸어가는 수밖에 없었다. 또 월요일 아침에는 10명의 미국인 학생들이 떠나야 했다. 아처는 그들과 함께 8마일을 걸어갔다. 일행 중 반 정도가 조금 앞서서 갔는데, 그들이 돌아와서 말했다.

"안 좋은 소식이에요! 서울로 가는 기찻길도 유실되었고 그쪽으로 가는 기차도 없대요. 하지만 좋은 소식도 있어요! 강릉으로 가는 기차는 아직도 다니고 있고 그리로 가면 미국 학생들을 서울로 데려갈 비행기가 기다리고 있대요!"

어떻게 이런 일이 일어났을까? 완행버스를 타고 서울로 돌아간 잭 더니건이 미국 대사에게 전화를 걸어 자기의 두 딸이 비 때문에 예수원에 갇혀 있다고 말했고, 대사가 미군 비행기를 보내 주었던 것이다. 학생들은 한편으로는 놀라고 한편으로는 환호성을 지르면서 비행기에 올라탔고, 안전하게 서울로 돌아갈 수 있었다.

수요일이 되었다. 원래는 내가 옌시와 버니를 데리고 개학 전에 여행을 가기로 한 날이었다. 나는 "곳곳에서 홍수로 난리예요. 아무도 여행을 다니지 않아요!"라고 말하고 싶었지만, 아이들과 아처는 여전히 내가 아이들을 데리고 여행 가기를 바라고 있음을 알 수 있었다. 하지만 지금 여행을 간다는 것이 가능한 일일까? 아처는 우리와 함께 8마일을 걸어 마차리로 갔다. 우리는 그때쯤이면 다리가 보수되어 서울행 기차를 탈 수 있으리라고 생각했다. 그러나 그런 행운은 생기지 않았다. 이제 강릉으로 가서 비행기를 타고 갈 수 있기를 기대하는 수밖에 없었다. 아처는 우리와 작별인사를 하고 다시 예수원으로 먼 길을 돌아갔다.

우리는 공항까지 갔다. 그리고 거기서부터 터미널까지 반 마일 정도를 걸어가고 있는데, 파란 봉고차가 우리 앞에 멈추어 섰다. 한 미국 공군이 그 차에서 내리더니 우리에게 어디로 가느냐고 물었다. 우리는 서울로 가는 비행기를 타려고 한다고 했다. 그는 이 난리에 우리 네 사람(홀리 제임스도 우리와 동행했다)이 무슨 급한 일로 서울에 가는지 의아해하는 표정으로 우리를 바라보았다.

"터미널까지 모셔다 드리죠. 하지만 표가 있을지 모르겠네요."

터미널에 가 보니 표는 사흘 뒤까지 전부 매진 상태였다.

"클럽에 와서 콜라 한 잔 하세요."

그가 말했고, 우리는 너무 덥고 끈끈했던 터라 기쁜 마음으로 그를 따라갔다. 그 공군은 우리가 콜라를 마시는 동안 몇 번이나 분주하게 클럽을 들락날락거렸다. 얼마 후, 밖에서 헬리콥터 착륙하는 소리가 크게 들리더니, 그 공군이 서둘러 들어와서 말했다.

"이 헬리콥터를 타고 가세요. 춘천까지 가는 건데 거기서 서울까지는 버스로 얼마 안 돼요."

그는 우리에게 틀림없이 급한 일이 있으리라고 생각하고, 우리를 돕기로 했던 것이다. 정말 헬리콥터를 타야 할 것인지 잠시 망설이는 사이에 우리는 헬리콥터에 올라 타 있었고 헬리콥터는 이미 이륙하고 있었다. 헬리콥터 양 옆으로 문이 없었기 때문에 우리는 밖을 내다보며 산의 모든 계곡을 구경할 수 있었다. 이것은 전혀 현실적이지 않은 상황이었다. 하나님이 이 어린 두 여자아이의 방학을 위해 이렇게까지 신경을 써 주실 수 있을까? 얼마 후 우리는 착륙했고, 감사 인사를 채 하기도 전에 누군가 외쳤다.

"저기 서울로 가는 버스가 있네요. 뛰어가야겠는데요!"

그리고 한 시간 반도 채 되기 전에 우리는 풀러 씨 집 앞에 도착했다. 캐시와 메리와 페기는 깜짝 놀랐다. 우리를 초대했으면서도 이 폭우에 정말 올 수 있으리라고는 생각지 못했던 것이다. 그들은 월요일 아침에 8마일을 걸어 나와서 비행기를 타고 서울로 돌아왔던 바로 그 일행이었다. 나는 아이들을 데리고 여행을 가지 않으려고 했던 나의 후회할 만한 태도에 대해 많이 회개했다. 하마터면 하나님의 놀라운 계획을 놓칠 뻔했던 것이다.

마약의 소굴 한가운데서 하나님의 나라를 세우려고 노력하는 외국인 젊은이들에게 발판이 되어 주려고 노력하는 가운데, 우리는 수많은 모험을 했다. 모세 장로님과 로이스 권사님, 그리고 다른 예수원 식구들은 어떤 면에서 우리보다 더 많은 수고를 했다. 말로 할 수 있는 의사소통은 제한되어 있었지만, 마음과 마음이 만났으며, 손님들을 위한 기도가 끊이지 않았다.

이것은 가치 있는 일이었을까? 그랬다! 손님들은 예수원을 훨씬 더 풍성하게 해주었다. 손님들은 아이들과 우리들을 가르쳤고, 우리의 이론을 증명해 주었으며, 우리에게 영감을 주었고, 전기나 사무 같은 실제적인 일들을 많이 도와주었다. 또한 우리는 수년 간 이 젊은이들 중 많은 이들이 성장하는 것과 교회의 갱신을 위해 두드러진 역할을 하는 지도자가 되는 것을 보았다. 이것은 분명히 가치 있는 일이었다.

"누수를 막아 스며 나가지 않게 하고, 감추어져 있던 것을 밝은 데로 끌어내느니라"(욥 28:11).

"나는 목마른 자에게 물을 주며 마른 땅에 시내가 흐르게 하며 나의 영을 네 자손에게, 나의 복을 네 후손에게 부어주리니"(사 44:3).

25

손님들 (2)

해를 거듭할수록 생수에 목말라하는 미국 젊은이들과 서울의 외국인 학생들이 더 많이 예수원을 찾아왔다. 그들은 자신들이 마약의 소굴에서 구출하고자 하는 친구들도 데리고 왔다. 우리와 함께 가장 앞장서서 그들을 맞이해 준 사람은 장로이스 할머니와 김모세 할아버지였다. 60대 후반이었던 두 분은 참으로 정력적으로 일을 했다. 그들은 수시로 변하는 예수원의 상황에 적응하면서 감독관과 주부로서 예수원을 운영했고, 조언자로서 온갖 종류의 사람들을 도왔다. 그리고 때로는 기도 모임에 참여해서 젊은 사람들로부터 기도를 받기도 했다. 그들은 이 모든 것을 넉넉히 감당했을 뿐 아니라 심지어 즐기기까지 했다. 그들은 하나님께서 이렇게 '있는 힘껏 최선을 다하는 삶'으로 자신들을 부르셨다고 생각했고, 여러 가지 어려움을 감내해 가면서 하나님이 원하시는 대로 자신들을 사용하시도록 했다. 두 분은 예수원을 집으로 삼았다. 그리고 자신들에게 은퇴란 없으며, 오히려 여기서 하나님을 섬기며 생의 마지막을 보내겠다는 의지를 자식들에게 분명히 나타냈다.

두 분의 딸 가운데 두 사람이 목사님과 결혼했다. 샤론은 조병호 목사님과 결혼해서 분원에서 살고 있었고, 둘째 딸인 경태 씨는 수년 전에 예수원에서 살았던 김성수 목사님과 결혼했다. 그리고 막내인 경순 씨도 군목인 박 목사님과 1973년 1월 10일 수요일에 결혼식을 올릴 예정이었다. 이들은 모든 이들이 바라는 것처럼 예식장이나 큰 교회에서 거창한 결혼식을 올리는 대신, 예수원식의 예식을 택했다. 조 목사님과 아처의 집례로 갈전에 있는 분원에서 결혼식을 하기로 한 것이다.

드디어 결혼식 날이 되었다. 사람들은 덤프 트럭 뒤에 올라타고 15마일의 여행길에 나섰다. 트럭 뒤에는 신부와 신랑, 김모세 할아버지, 6명의 어린아이들, 홀트회에서 온 14명의 십대 청소년(이들은 이제 막 예수원에 도착한 아이들 가운데 일부였다), 미스 유라는 분, 그리고 우리 예수원 형제들인 사무엘, 안드레, 베네딕트, 아처가 탔고, 기름이 들어 있는 드럼통 하나와 신부의 가방이 실려 있었다.

트럭 좌석에는 로이스 할머니와 운전수가 타고 있었는데, 그들은 내가 케이크에 마지막 장식을 하는 동안 참을성 있게 기다려야 했다. 나는 케이크를 만들 시간이 하루 더 있는 줄 알고 있다가, 바로 전날 밤에 내가 착각하고 있었다는 사실을 깨닫고는 갑작스레 3단 케이크를 만드느라 정신이 없었다. 다 구운 케이크를 쌓아 올려서 7분이나 걸려 설탕옷을 입히고 설탕 반죽으로 만든 장미꽃으로 장식했다. 나는 할머니와 함께 운전석에 탄 다음, 케이크를 무릎 위에 놓고 흔들리지 않도록 조심스럽게 잡았다.

우리는 돌투성이 길과 강을 덜컹거리며 지나가야 했다. 이 길은 항상 울퉁불퉁하기는 했지만 이번에는 얼기까지 했다. 우리는 몇 번이나 차를 세우고 길에 쌓인 눈을 치워야 했다. 우리가 도착했을 때는 이미 12시 30분이었다. 조 목사님과 샤론은 우리가 너무 늦어지자 결혼식을 거의 포기하고 있었다. ‘결혼을 축하합니다’라는 글씨를 써 붙인 것 외에 다른 준비는 일단 다 중단한 상태였다.

세 사람이 재빨리 부엌으로 달려갔고, 다른 사람들은 결혼식에 어울리는 작은 오르간의 연주에 맞추어 엄숙하게 결혼식과 성찬 예배에 동참했다. 그다음에는 잔치가 있었는데, 음식이 어찌나 맛있던지 마치 일주일 내내 준비한 것 같았다. 나중에 부엌에 들어간 세 사람의 솜씨와 샤론의 뛰어난 사전계획 외에도 하나님의 요술이 추가된 것이 분명하다고 우리는 생각했다.

3시에 서울에서 친척 세 사람이 도착했다. 이들은 황지에서부터 광동까지 버스를 타고 미끄러운 길을 오느라 말할 수 없는 고생을 했다. 광동에는 교통 수단이 없어서 나머지 7마일은 걸어서 와야 했는데, 이 길은 얼어서 매우 위험했다. 로이스 할머니와 이제는 새신부가 된 경순 씨가 버스를 타고 황지에서 하사미로 오다가 피재를 내려오는 길에 버스가 얼음에 미끄러져서 전복되었던 사건이 생각났다. 아처가 2년 전에 바로 그 얼음길을 내려오다가 미끄러져 다리가 부러졌던 일도 생각났다. 그때 아처는 하나님께 고쳐 달라고 기도했고, 일어나서 나머지 먼 길을 걸어 집으로 왔다. 치유는 기적적으로 이루어졌지만, 약간의 통증은 남아 있었다. 이러한 모든 시련들을 회상하자 이 행사는 아주 특별한 것이 되었다. 신랑과 신부 사이의 사랑과 잔잔한 흥분은 이 행사를 더 복되고 성대하게 만들었다.

예수원에 돌아와 보니 우리가 섬겨야 할 사람들이 기다리고 있었다. 잭 타이스 목사는 홀트 아동 복지회를 맡고 있는 선교사였는데 14명의 십대 청소년들을 보내면서 말했다.

"이 아이들이 성령으로 충만해지기 전에는 돌려보내지 마세요."

그들은 결혼식 이틀 전에 도착했다. 그들의 어머니는 다 한국인이었지만, 백인, 스페인인, 흑인 등의 피가 섞여 있기 때문에 외모에 표시가 나서 한국 사회에서는 적응하기가 힘들었다. 그래서 입양을 위해 홀트 아동 복지회로 보내진 것이다. 하지만 우리가 보기에는 특별히 잘생기고 멋있는 아이들이었다. 이 아이들 앞에는 한국 전쟁이 만들어 낸 어려운 상황을 극복하면서 자기들의 삶을 꾸려가야 하는 어려운 싸움이 놓여 있었다. 우리는 이들에게 마음이 끌렸다.

첫날, 이들은 눈을 치우고 나서 매우 지친 몸으로 잠자리에 들었다. 둘째 날에는 오후 3시에 우리와 만나서 이사야서 52장과 53장의 약속을 함께 나누었다. 예수님은 마치 마른 땅에서 나온 줄기 같아서 사람들의 이목을 끌 만한 아름다움도, 위엄도 없이 자라셨다.

"이 아이들이 성령으로 충만해지기 전에는 돌려보내지 마세요."
-잭 타이스 목사가 보낸 홀트회의 아이들. 1973년.

그의 얼굴은 심히 상하였다. 그는 멸시를 당하고 버림을 받았다. 그는 슬픔의 사람이었다. 이러한 그의 희생과 고난의 삶은 우리를 위한 것이었다. 그가 받은 벌은 우리에게 평화를 가져오기 위한 것이었고, 그가 받은 상처는 우리를 치유하기 위한 것이었다. 하나님은 우리 모두의 죄악을 그에게 지우셨지만 그는 한마디 불평도 하지 않으셨으며, 그의 영혼은 이 고난을 통해 우리 모두를 구원하신 것으로 만족하셨다. 이 위대한 본문에는 모든 사람이, 특별히 태어날 때부터 거부당했던 이 청소년들이 자신과 동일시할 수 있는 무엇인가가 들어 있었다.

우리는 그들 한 사람 한 사람에게 손을 얹고 기도하면서, 하나님께서 우리와 똑같은 존재가 되어 주신 사랑과 구원의 신비를 보여 달라고 간구했다. 또한 우리는 각 사람의 마음속에 있는 극심한 고통과 잠재의식 속에 있는 아픈 기억들을 주님이 친히 담당해 주시고, 그리스도께서 생명을 바침으로써 우리에게 주신 자유를 달라고 간구했다. 눈물을 흘리는 사람은 없었지만 모두들 하나님의 역사를 진지하게 받아들였다.

그다음 날은 결혼식이어서 우리는 이들에게 자유 시간을 주었다. 이들은 밖에서 일을 하면서 시간을 보내다가, 나중에는 대기도실 벽난로에 둘러앉아 밤 늦게까지 홀트 사중창단과 함께 기타를 치며 노래를 부르는 것으로 하루를 마감했다. 목요일에는 성령에 대한 강의가 있었고, 아이들은 조금 이른 시간에 팝콘과 커피를 마시는 다과 시간을 가진 후 소기도실로 초대를 받았다. 거기서 그들은 자유롭고 편안한 마음으로 노래를 불렀다. 그리고 여러 가지 질문을 던졌다.

"재림이 뭐죠?"

"왜 서울에 있는 교회들은 우리를 푸대접하는 걸까요?"

"왜 예수님은 마리아를 '어머니'라고 부르지 않고 '여자여'라고 부르셨지요?"

이 외에도 많은 질문들이 쏟아졌다. 우리는 '아이들이 성령 세례라는 주제는 계속해서 피하려고 하는구나'라고 생각했다. 드디어 아처가 물었다.

"성령을 받기 위한 조건은 무엇이라고 생각합니까?"

"깨끗한 마음이요!"

연찬이가 재빨리 대답했다.

"아니, 틀렸습니다! 우리는 깨끗한 마음을 갖기 위해서 성령을 받는 것입니다."

아처가 대답했다. 그때부터 그들은 이 주제에서 벗어나지 않았으며, 사도행전 2장과 누가복음 11장 13절의 약속들을 찾아 보았다. 아처와 나는 마주 보면서 이제 누가 성령 세례를 구하는 기도를 하기 원하는지 물을 때가 되었다는 데 동의했다.

연찬이가 가장 먼저 벌떡 일어나서 앞으로 나와 무릎을 꿇었다. 우리가 기도하기 시작하자마자 그의 입술이 떨리기 시작했다. 그는 조용히 성령으로 기도했고, 눈물에 휩싸였다. 우리는 기억의 치유를 위해 기도할 때 아이들이 눈물을 흘리리라고 생각했지만 그때는 아무런 반응도 없었다. 그런데 한 사람씩 앞으로 나와서 기도할 때, 차

레로 그다음 사람을 위한 기도를 덧붙이더니 이내 한 무리가 되어 한국어와 방언으로 기도하며 울음을 터뜨렸다. 몇몇 아이들은 거의 통제가 되지 않을 정도로 심하게 울었다. 11시 15분이 되었다. 이렇게 기도한 지 일곱 시간이 지난 것이다. 우리는 모임을 마무리하고 감사하는 마음으로 잠자리에 들었다.

다음날 아침, 이들은 모두 물로 세례를 받고 세례명도 받고 싶어 했다. 갈전의 결혼식에 갔던 아이들도 돌아왔다. 연찬이는 이제 막 돌아온 기송이에게 성령님이 그들 안에 역사하셔서 불화의 관계를 이해의 관계로 변화시켜 주셨다고 말했다. 이들은 서로에게 솔직했다. 연찬이는 아픈 부분을 언급하면서, 기송이는 완전한 한국 사람으로 행세할 수 있지만 다른 아이들은 하나님이 그들을 창조하셨음에도 불구하고 모두들 얼굴에 혼혈인의 표시가 난다고 말했다!

기송이는 용수철처럼 몸을 웅크린 채 앞으로 나왔다. 연찬이가 먼저 기도하기 시작했다. 두 아이 모두 흐느껴 울기 시작했다. 기송이는 점점 더 크게 울면서 외쳤다.

"내가 믿습니다! 내가 믿습니다!"

세례자이신 예수님이 주시는 성령으로 모두 세례를 받고 나자(마 3:11), 세례 요한이 한 것처럼 사제가 물로 '회개의 세례'를 주었다. 그날 밤, 솔로몬과 마가와 도밍고와 그 밖에 새 이름을 받은 아이들은 일찍 잠자리에 들었다. 밤에 그 방에서 웅성거리는 소리가 들려왔다. 아이들이 서로의 경험을 나누면서 앞으로의 계획을 세우는 이야기 소리였다. 그리고 나서 우리는 성령님이 주시는 조화로운 음악

소리를 들었다. 우리가 할 수 있는 말은 한 가지밖에 없었다.

"주님, 당신이 하셨습니다! 잭 타이스는 실망하지 않아도 되겠습니다. 이제 많은 열매와 아름다운 삶으로 이들을 계속 인도해 주소서!"

예수원 생활은 우리의 힘에 넘치기도 했지만, 한편으로는 가슴떨리는 기쁨도 주었다. 우리는 로이스 할머니와 모세 할아버지가 시간이 지날수록 좀 더 안정적이고 익숙한 방식으로 예수원이 운영되기를 바라지는 않을까 궁금해했다. 그러나 하나님은 우리를 위해 또 하나의 '일격'을 준비하고 계셨다. 그것은 바로 가난한 사람들을 위한 사역이었다.

가난한 사람들에 대한 아처의 관심이 언제 어떻게 시작됐는지 나는 잘 모르지만, 아처에게는 항상 그런 마음이 있었던 것 같다. 그는 어렸을 때 중국에서 많은 사람들이 고생하는 것과 가난에 허덕이는 것을 보았고, 신학교에서는 가난한 사람들의 교회를 부자의 교회로 바꾼 콘스탄티누스 황제의 정책을 연구했다. 또한 그가 처음으로 교구를 맡아 목회를 했던 조지아 주에서는 인종 차별에 반대하는 운동을 적극적으로 펼쳤고, 매사추세츠에서 맡은 교구에서는 실직자들을 위한 자활 사업을 벌였으며, 서울의 성 미가엘 신학원에서 가르칠 때는 학생들을 통해 철거민들의 정착을 돕는 프로젝트를 진행시켰다. 그리고 마침내 공동체로 살면서 물질을 나누는 예수원을 세움으로써, 정의에 대해 강의하고 글을 쓸 수 있는 발판을 마련했다.

이론을 실천으로 옮기기 위해서는 적용이 필요하다. 하나님은 가난한 사람들에게 복음을 전하는 것이 어떤 것이라는 것을 실험해 볼 수 있는 길을 열어 주셨다. 성령 충만한 우리 친구들 중에 잭 더니건과 빌 라이언이라는 두 명의 가톨릭 신자들이 있는데, 이들은 넝마주이들을 위해 일하라는 소명을 받은 사람들이었다. 넝마주이들은 대부분 주민등록도 되어 있지 않은 채 천막과 다리 밑에 살면서 도시의 거리를 치우고 쓰레기를 모으고 있었다. 잭과 빌은 이들을 찾아가서 친구가 되었고 이들과 함께 예수님의 사랑을 나누려고 노력했다.

잭과 라이언은 이 넝마주이들이 절망적인 생활을 하고 있으며 쓰라린 과거를 가지고 있다는 사실을 알게 되었다. 그러나 하나님이 이 사람들도 사랑하시고 그리스도께서 이들을 위해 죽어 주셨다는 것은 분명한 사실이었다. 두 사람은 이들과 천막에 살면서 함께 일했고, 이들의 신뢰를 얻어 몇몇 사람들과 모임을 가지고 성경을 가르쳤다. 예수원은 이 넝마주이들이 와서 살면서 일하고 더 철저하게 훈련받는 자리가 될 수 있을까? 잭과 빌은 우리에게 이 질문을 던졌고 우리는 이것이 하나님이 주시는 자극이라고 믿었다.

그들 중에 예수원에 온 사람은 오 씨, 이 씨, 엄 씨, 박 씨, 강 씨, 유 씨 외에 몇몇 사람들이었다. 이들이 오자 우리는 일손을 더 얻은 셈이 되었다. 이들은 몬테소리 교육에서 사용하는 미취학 아동용 나무 장난감을 만드는 자기들 나름대로의 사업도 벌였다. 잭은 우리 도서관에 추가할 책들을 가져왔는데 특히 이 사람들이 사용할 만한 책들을 가져왔다. 이들의 학습 일정도 세워졌다.

이들이 이전과는 다른 환경 속에서 자신들의 생각과 마음의 방향을 바꾸어 공부하는 데 신경을 쏟으며 우리 공동체의 구성원으로서 살 수 있을까? 잭이 바라는 것처럼 이들 가운데 후에 넝마주이 천막촌에서 사역을 해나갈 리더십을 가진 사람이 생길 수 있을까? 잭과 빌은 할 수 있는 한 자주 이들을 방문했다. 두 사람은 이들과 함께 일했고, 꾸준히 예수원을 찾아오는 외국인 학생들도 섬겼다. 아처는 넝마주이들에게 강의를 했다. 의회에서는 매일의 일과에 이들을 포함시켰고, 할머니와 할아버지도 이들에게 마음을 열었다. 우리는 희망을 가졌다.

이들은 우리가 하는 모든 일에 흥미를 가지고 동참했다. 어떤 이들은 나를 도와 개울의 일부분을 청소하고 아름다운 정원을 만들었다. 우리는 이들과 쉽게 친해질 수 있었고, 새 형제들이 생긴 것을 마음으로부터 기뻐했다. 토요일 밤 추수 감사절 모임에서 우리는 다 함께 하나님께 감사를 드렸다. 이들은 강의 듣는 것을 즐거워하는 것 같았고, 책도 몇 권 읽었다. 기도와 개인 상담의 시간도 있었다. 우리의 특별한 기도는, 이렇게 서로 다른 개성을 가진 사람들이 모여 사는 우리 집 식구들이 모두 하나 되게 해달라는 것이었다. 우리에게는 그것이 가능한 일로 보였다. 가난한 사람들을 위해 사역하고 싶어하는 아처의 꿈이 이제 실현되는 것인지도 모른다는 생각이 들었다.

약간 떠들썩한 부활절 기간을 포함하여 두 달이 지나갔다. 그 동안 우리는 꿈을 거의 포기해야 할 지경에 이르렀다. 그 사람들에 대한 실망감이 점점 커지면서, 정회원들은 오랫동안 금식하며 영혼을 살피는 시간을 보냈다. 새로 온 형제들은 자기들끼리 파를 만들어서 권위가 있는 모든 사람에게 단체로 대항했다. 좋지 못한 옛 습관들도 나타나기 시작했다. 이들은 거짓말을 하고 다른 사람을 중상모략했으며 일하기를 거부했다(나무 장난감 한 세트만, 그것도 부분적으로 끝낸 것이 이들이 한 일의 전부였다). 물론 잘못한 후에는 미안하다고 사과를 했지만, 그 잘못을 심각하게 생각하는 것은 아니어서 그다음에는 더 심한 행동이 나오곤 했다.

결국 그들은 한 사람씩 이곳을 떠날 구실을 찾아 옛 생활로 돌아갔다. 드디어 마지막에 남은 사람들이 작별 인사도 없이 떠나 버린 날 오후, 우리는 언덕을 내려가다가 시냇물 가운데 있는 크고 평평한 바위에 분필로 쓴 글씨를 보았다. 거기에는 큰 글씨로 '여기는 공산주의자들의 소굴이다!' 라고 쓰여 있었다.

우리는 이번 일로 너무나 많은 고통을 받은 할머니와 할아버지 때문에 마음이 아팠다. 그리고 나는 정말로 훌륭하게 그 형제들을 가르치고 상담하며 함께 일했던 아처 때문에 마음이 아팠다. 또한 이곳과 천막에서 많은 고난을 겪은 빌과 잭 때문에도 마음이 아팠다. 그들이 여전히 희망을 가지고 있다는 것은 정말 놀라운 일이었다.

이것이 그렇게도 어려운 일이었을까? 그들은 우리가 다가가려고 했던 사람들 중 가장 상처받은 사람들임이 분명했다. 이들은 가정과 집, 교육의 기회, 사회적 지위, 심지어 시민권마저도 박탈당한 사람

들이었다. 이들의 인간성과 마음에 박힌 이렇게 큰 상처는 어디에서
부터 시작된 것일까? 실로 우리가 살고 있는 세상은 사탄의 세계이
며, 상처들은 사탄이 하나님의 거룩한 목적을 무너뜨리기 위해 싸운
결과이다. 그러나 야고보서 2장 5절은 이렇게 말하고 있다.

"하나님이 세상에서 가난한 자를 택하사 믿음에 부요하게 하시고
또 자기를 사랑하는 자들에게 약속하신 나라를 상속으로 받게 하지
아니하셨느냐?"

하나님께서는 과연 그가 이미 굴복시키신 사탄을 우리 또한 정복
하고 그의 백성들에게 다가갈 새로운 방법을 보여 주실 것인가?

26

위로

넝마주이들이 떠난 후 우리는 상처를 달래야 했다.

"주님, 우리가 왜 실패했습니까? 우리는 그들에게 마음을 주었고, 우리가 가진 모든 것을 나누었습니다. 당신이 그들을 초대하라고 하시지 않았습니까? 우리는 그들이 공동체에 대해서 배우고, 성경을 연구하며, 성령으로 충만해지고, 넝마주이촌에서 지도자가 될 준비가 되었다고 생각했습니다. 여기에 있는 우리 모두 그들과 하나 되기를 원하는 마음으로 그 어느 때보다 더 노력했습니다. 특히 아처는 너무나 열정적으로 자신의 비전을 그들과 나누었습니다. 그런데 너무도 갑자기 모든 것이 산산히 부서져 버렸고, 바위에 적힌 마지막 말은 우리의 마음을 너무나 상하게 했습니다. 우리가 당신의 뜻을 잘못 이해한 것입니까?"

하나님이 대답하셨다.

“아니다. 하지만 너희가 더 이해해야 할 것이 있다. 너희가 가난한 사람들과 같이 되려면 가난과 역경, 피곤과 탈진, 낙담이 뒤따를 것을 각오해야 한다. 왜냐하면 가난한 사람들은 그런 것들을 일상적으로 겪고 있기 때문이다. 너희는 너희가 할 일을 했다. 이제 나는 다른 사람들이 자신의 몫을 하도록 하겠다. 나는 이들을 잊지 않을 것이다!”

나는 하나님이 책임지신다는 것과, 우리에게 새로운 깨달음으로 복을 주신다는 것을 알았다. 진정 하나님은 상처받고 모욕받고 버림받은 사람들을 사랑하신다. 우리는 그들을 용서하고 사랑해야 했고, 다음 기회를 기대해야 했다. 결국 이것이 우리의 사명이 아니겠는가?

우리는 하루에 세 번, 아침 여섯 시와 정오와 저녁 여섯 시에 종이 울릴 때 우리 나름대로 삼종기도를 드린다.

이에 말씀이 사람이 되시어 우리 가운데 계시도다.
우리가 서로 하나가 되도록 도와주시고
특별히 가난하고 억압받는 자들과 하나가 되도록 도우소서.

때로는 손님이 와서 야영장같이 엉성한 우리 집을 보고 “서울은 항상 변하는데, 예수원은 전혀 변하지 않는군요”라고 말하기도 한다. 그러면 우리는 “그것은 우리가 하루에 세 번씩 드리는 기도에

특별히 가난하고 눌린 자들과 하나가 되도록 도우소서.
―종을 쳐서 기도 시간을 알리는 모습. 1980년.

대한 하나님의 응답입니다. 우리를 가난하고 눌린 자와 하나가 되게 해달라고 기도하거든요"라고 대답한다.

그때는 고난의 시기였다. 그러나 하나님께서는 같은 해인 1973년에 많은 것을 주심으로써 우리의 마음을 따뜻하게 해주셨다. 주예레미야가 3년 간의 군복무를 마치고 돌아왔다. 우리는 날마다 정오 대도 시간에 그를 위해 기도했다. 그는 원래 성경 학교에 다니고 있었는데, 하나님은 "이것은 네 일이 아니다"라고 분명하게 말씀하시면서 그를 예수원으로 보내셨다. 예레미야가 전에 예수원에 있을 때는 그만큼 하나님께 열정을 가지고 있는 사람이 없었다. 그는 그 누구보다 큰 소리로 기도했으며, 이러한 열정은 그의 삶에 고스란히 나타났다.

한번은 그가 황지로 걸어가고 있는데, 길에서 낯선 사람을 만났다.

"예수원을 아세요?"

예레미야는 그 낯선 사람에게 물었다. 그는 모른다고 대답했다.

"그러면 예수님은 아세요?"

예레미야는 기독교 신앙과 삶에 대해 설명을 했고, 그 행인은 그의 말을 무시할 수가 없었다.

우리는 이런 예레미야가 돌아와서 참으로 기뻤다. 군대 훈련 덕분에 매우 건장해진 예레미야는 소젖 짜는 일과 무거운 우유통을 지게에 지고 마을까지 내려가 버스에 실어 보내는 일을 맡았다. 그는 오후 늦게 그 통을 회수했고, 다음날 그 모든 과정을 되풀이했다.

그가 내 생명을 구해 준 적도 있었다. 황지에 갈 일이 있어서 마을로 내려가 트럭 앞좌석에 올라탔는데, 그때 트럭 앞으로 술취한 사람이 술병을 들고 나타나더니 유리창 너머에 있는 내 얼굴을 향해 그 병을 던지려 했다. 예레미야는 재빨리 그 사람 뒤에서 두 팔을 잡아당겨 꼼짝 못하게 했고, 예레미야에게 팔을 붙잡힌 그 술주정뱅이는 더 이상 힘을 쓸 수가 없었다. 그의 팔을 잡고 있는 예레미야의 표정은 강철처럼 단단했고, 나는 안전하게 트럭을 타고 떠날 수 있었다. 예레미야는 이처럼 우리 부부와 예수원에, 그리고 주님께 매우 소중한 사람이었다.

엘리사벳은 가톨릭 신자로서 사회사업가였다. 예수원에서 3개월을 보낸 후 그녀는 수녀가 되기로 결심했다. 그녀는 하나님이 예수원을 통해서 하시는 일을 위해 1년 동안 자신을 완전히 헌신하겠다고 제단 앞에서 서약했다. 엘리사벳은 여름에는 흰 옷을, 겨울에는 검은 옷을 입었고 머리에는 수건을 썼다. 수녀의 존재는 모든 이들에게 기도의 소명을 더 강하게 느끼게 해주었다. 그녀는 하나님과 함께 조용한 시간들을 보내기도 했지만, 기도할 때와 똑같은 헌신으로 요리와 설거지와 빨래를 했다. 그녀의 얼굴에서는 늘 웃음이 떠나지 않았다.

아놀드 색스는 스위스인이었는데, 그가 미군 위문 협회(USO)에 있을 때 선교사인 우리 친구가 그를 만난 적이 있었다. 그 친구의 이름은 보니타 스펜서였는데, 우리가 서울에서 그녀의 집을 찾아갔을 때 마침 아놀드를 집으로 데리고 왔다. 보니타는 그가 바로 예수원에서 필요로 하고 있는 사람일지도 모른다고 했다. 금발머리에 수염을 기른 잘생긴 청년 아놀드는 동남아 전역을 순방 중인 전기 기술자였다! 우리는 보니타의 제안에 "맞아요!"라고 대답했고, 그는 "좋습니다!"라고 응수했다. 아놀드는 우리와 함께 예수원으로 왔고, 우리는 이 탁월한 스위스 출신 전기 기술자에게 일을 부탁했다.

2년 전 제리 화이트가 와서 일해 준 덕분에 우리는 얼마 동안 전깃불을 쓸 수 있었다. 그러나 우리와 함께 사는 사람 중에는 전기 기술자가 없었기 때문에 불가피하게도 몇 번 정전이 되었고, 결국에는 낡은 군용 발전기가 고장나는 바람에 별 수 없이 촛불과 등유를 사용하던 시절로 돌아가야 했다.

아놀드는 빈틈없이, 그리고 부지런하게 맡은 일을 해냈고, 발전기를 점검한 후 수리해서 다시 작동시켰다. 그리고 모든 방에 새 전선을 이어서 시설을 전부 최신으로 바꾸어 놓았다. 하나님이 우리에게 얼마나 도움이 되는 사람을 보내 주셨는지! 아놀드는 하나님이 자신을 이곳에 보내셨다는 것을 몰랐다. 그는 우리가 평범하게 하는 모든 일들을 자연스럽게 받아들였고, 심지어 우리가 기도할 때 안수하는 것도 받아들였다. 그러나 자기 자신을 위해 기도해 달라는 말은 하지 않았다. 누군가 그에게 기도해 주기를 원하느냐고 묻자, 자기에게는 전혀 문제가 없다고 대답했다.

물론 우리는 이 훌륭한 젊은이와 더 깊은 교제를 나누고 싶었다. 아놀드가 아주 드물게 자기 속 이야기를 꺼낼 때도 있었다. 그는 자기가 어렸을 때부터 부모님이 알프스 산에서 여관을 운영하셨지만

(얼마나 아름다운 환경이었을까), 자기 형제들은 그것을 싫어했다고 말했다. 항상 손님들로 붐비는 상황 속에서 부모님들은 가족들을 돌볼 틈이 없었고 그는 외로웠던 것이다. 나는 조용히 기도했다.

"하나님, 아놀드를 통해 이 경고를 주셔서 감사합니다. 여기서도 그런 일이 일어날 수 있습니다. 당신은 전에 우리 자녀들도 우리 일을 도와야 한다고 말씀하셨고, 매일 아이들이 우리와 함께 가장 좋은 시간을 가져야 한다고 말씀하셨습니다. 우리가 자녀들에게 좀 더 주의를 기울일 수 있도록 도와주십시오!"

서울에 있는 미국인 학생들은 여전히 예수원을 찾아오고 있었다. 그들 중 몇 사람은 예수원 식구가 되기로 결정했다. 아버지가 미8군 육군 대령이었던 낸시 히킨은 우리의 많은 필요를 알아챘다. 그녀는 고등학교를 마쳤기 때문에 우리와 함께 시간을 보낼 수 있었다. 옌시와 버니(버니는 마을에 있는 한국 학교 1학년에 곧 입학할 예정이었고, 옌시는 4학년이 될 참이었다)에게는 영어 선생님이 필요했고, 아처에게는 비서가 필요했다. 낸시는 몇 달 동안 이러한 필요를 충족시켜 주었다.

우리는 다시 한 번 하나님의 공급에 놀라지 않을 수 없었다. 낸시는 단순한 조력자가 아니라 동역자였다. 그녀는 말썽을 일으키고 있는 서울의 많은 외국인 학생들을 알고 있었다. 그들 중 한 사람이 예수원을 찾아오면 낸시와 아처가 가서 그들의 필요를 채워 주었고 그들을 하나님의 나라로 이끌기 위해 함께 기도했다. 어느 날, 낸시는 서울에 있는 어느 학생을 너무나 염려한 나머지 산에 올라가 하루 종일 금식하며 기도했다. 얼마 후 하나님이 기도를 들으셨다는 만족스런 느낌과 함께 다시 예수원으로 내려왔는데, 바로 거기에 자기가 기도했던 바로 그 학생이 와 있었다! 그는 이유는 모르겠지만 와야만 한다는 생각이 들었다고 했다. 깊은 교제와 축복의 기도 시간을 통해 하나님은 이 젊은이의 필요를 채워 주셨고, 우리는 즐거운 비명을 질렀다.

이렇게 기쁜 일들은 그 후에도 계속되었다. 낸시와 아놀드 모두 우리 가족의 소중한 일원이 되었다. 그들은 저녁 식사 후 아처가 아이들에게 책을 읽어 주는 시간에 어김없이 동참했다. 우리는 그때 C. S. 루이스(C. S. Lewis)의 '나니아 연대기'(*The Chronicles of Narnia*)를 읽고 있었다. 아이들은 때로 밖에 나가서 노는 것을 더 좋아했지만, 어른들은 이 시간을 놓치지 않았다!

예수원 가족 중에는 뇌성마비로 장애인이 된 캐티 포터도 있었다. 그녀의 아버지는 미군과 한국군에서 민간인 기술자로 일하고 있었다. 고등학생 또래인 남동생들과 함께 예수원을 몇 번 방문했던 캐티는 이곳에 남아서 뒤죽박죽인 우리의 도서관을 정리하기로 했다. 그녀의 작업은 놀라운 것이었다. 그러나 더 중요한 것은 그녀가 우리에게 전해 준 기쁨이었다. 그녀는 자신의 장애를 마음으로부터 극복했다는 승리감으로 민첩하게 돌아다녔다. 캐티는 자신의 은사인 사랑 어린 말로써 사람들의 마음에 파고들었다.

메리 도난 헤퍼트는 벤의 친구로서 미국 테네시에서 왔다. 그녀는 하나님께서 자신에게 예수원은 '성령의 학교'이며 그곳에 가야 한다고 말씀하셨다고 했다. 메리는 우리와 함께 1년을 보냈다. 키가 크고 아름다우며, 미술과 음악에 재능이 있고, 호기심과 모험심이 강한 메리는 이곳에 잘 적응했고, 우리의 사역 영역을 확장시켜 놓았다. 그녀는 지금도 탁월한 선생님으로서 조지아 주 애틀랜타에서 학생들을 잘 가르치고 있다. 한국어를 많이 배운 메리는 만나는 모든 사람들을 친구로 사귀었으며, 일일이 다 이야기할 수 없을 정도로 많은 모험을 했다. 우리는 그것을 즐겼다.

그때 벤은 미국에 있는 사라 로렌스 대학 2학년에 재학 중이었는데, 시간을 내서 4년 만에 처음으로 자기 집인 예수원으로 돌아왔다.

그렇다. 하나님은 넝마주이들과의 슬픈 시간 이후 우리의 마음을 따뜻하게 어루만지고 계셨다. 하나님은 단지 정을 나누라고 이 모든 사람들을 우리에게 보내신 것이 아니라, 의미 있는 훈련의 시간을 주시려고 이들을 보내셨다. 켄 보야크는 군인이었는데, '성령 안에서 새 생활' 세미나에 몇 번 참석한 적이 있었다. 그는 예수원에서도 그 세미나를 열 수 있도록 돕겠다고 했다. 이 세미나는 그 후로 여러 차례 열리게 될 세미나의 시작이 되었다.

세미나는 영어와 한국어로 진행되었다. 예레미야, 엘리사벳 수녀, 로이스 할머니, 모세 할아버지, 그리고 모든 한국인 형제자매들이 참석했다. 메리 도난과 벤, 서울에서 온 많은 젊은 친구들도 동참했다. 이 세미나는 가톨릭 성령 운동 측에서 준비한 프로그램이었는데, 깊은 교제를 나누는 가운데 치유과 고백, 회복을 통해 사람들이 성령을 받게 했다.

나는 다시 한 번 하나님의 놀라운 방법에 감탄했다. 특히 아들 벤의 방문은 우리에게 참으로 큰 복이었다. 그러나 이렇게 세미나에 함께 참석하여 사소한 것들을 넘어서서 가장 깊은 차원의 교제를 나누게 된 것은 그보다 더 큰 복이 되었다. 나는 벤이 어렸을 때 가졌던 두려움들을 알게 되었고, 벤도 우리에 대해 더 많은 것을 알게 되었다. 벤과 우리 부부, 한국인과 서양인 친구들은 서로에게 마음을 열었고, 서로를 용서하고 치유하였으며, 하나님의 능력 있는 사랑을 체험했다. 이 세미나는 매우 만족스러운 실험이었다. 그 후로 우리는 배고프고 목마른 사람들을 영적인 가난에서 구출하기 위해 여러 차례 이 세미나를 열었다. 언젠가는 이 세미나가 그 넝마주이들에게 도움이 될지도 모른다.

"우리 가운데서 역사하시는 능력대로 우리가 구하거나 생각하는 모든 것에 더 넘치도록 능히 하실 이에게"(엡 3:20) 존귀와 영광이 있을지어다! 하나님은 놀라운 분이시다. 젊은이들의 표현대로 그는 참으로 '끝내주는' 분이시다!

우리가 그 넝마주이들을 섬기는 데 정말 실패한 것일까? 그랬을지도 모른다. 그러나 19년 후에 우리는 하나님이 그들을 위해 좋은 계획을 가지고 계셨다는 것을 알게 되었다. 가톨릭 교회가 그들을 위해 꽃마을을 개발해 준 것이다. 그곳은 훈훈한 정신적 자양분과 사랑이 있는 곳이다. 이 안식처에 우리는 우리 마을 사람인 김바울을 데리고 갈 수 있었다. 그는 맹인으로 태어나 어머니의 보살핌을 받으며 살다가, 그리스도인이 된 형제였다.

하루는 그가 심한 화상을 입었다. 예수원의 마르셀리노 형제가 그를 이 병원에서 저 병원으로 데리고 다니다가 서울의 성 바오로 병원을 알게 되었고, 그 병원은 바울 형제를 받아 주었다. 마르셀리노 형제는 거기서 7개월이라는 긴 시간을 보내면서 바울 형제가 나을 때까지 그를 간호했다. 그런데 바울이 병원에 있는 동안 어머니가 돌아가셔서 퇴원한 후에도 집으로 돌아갈 수 없게 되었다. 그때 꽃마을에서 그를 따뜻하게 맞아 주었다.

하나님은 우리에게 그 넝마주이들을 잊지 않겠다고 하셨다. 하나님은 그 말씀대로 그들 사이에서 일하셨고, 이제는 오히려 그들이 우리를 돕고 있다.

27

기업을 얻다

1974년은 우리가 또 한 차례의 안식년을 갖기 바로 전 해였다. 우리는 로이스 할머니와 모세 할아버지에게 예수원을 맡기고 9개월 동안 떠나 있을 수 있을 만큼 모든 일을 잘 정리할 수 있을지 걱정스러웠다. 두 분은 우리가 해온 것처럼 일을 잘 해낼 수 있을 것이다. 우리는 이토록 다양한 사람들이 사는 기도의 집을 세우기에 부적합한 사람들이었다. 지난 몇 년 간 이 분들이 우리와 함께하지 않았더라면 정말 힘겨웠을 것이다.

지난 안식년 이래 우리는 몹시 흥분되는 시간을 보냈다. 우리는 성령님이 한국의 여러 교파 안에서 역사하시는 것을 보았고, 우리 부부와 예수원 식구들은 큰 복을 받았다. 안식년이 오기 전까지 하나님이 하실 일을 지켜볼 수 있는 기간이 1년 더 남아 있었다. 어쩌면 이 1년은 이제까지의 일들을 돌이켜보며 하나님께서 예수원에서 가르치고 계시는 것이 무엇인지 생각할 수 있는 기간일 수도 있었다.

종종 감당하기 힘들 정도로 많은 일들이 일어난다는 생각이 들 때도 있었고, 낙담할 때도 있었다. 그러나 거의 벼랑 끝에 가 있다고 생각할 때마다 상황이 달라져서 일이 잘되곤 했다. 한번은 여러 방문객이 한꺼번에 예수원으로 온다는 소식을 들었는데 우리에게는 그들을 재울 만한 방이 없었던 적이 있었다. 그런데 막상 그날 찾아온 사람은 두 명뿐이었다. 그것은 우리가 수용할 수 있는 인원이었다. 또 한번은 많이 오는 손님들을 위해서 야외에서 먹을 점심 도시락을 쌌는데, 그들이 못 온다는 전갈을 받았다. 이미 준비해 놓은 그 많은 음식을 어떻게 처리해야 할지 막막했다. 그런데 또 다른 무리의 손님들이 예기치 않게 들이닥쳤고, 미리 준비해 놓은 음식 덕분에 그들을 다 맞이할 수 있었다! 살 물건이 있고 해야 할 일이 있는데 돈이 없는 경우도 있었다. 그럴 때는 그날 도착한 우편물에 우리가 예상치도 못했던 헌금이 들어와 꼭 필요한 데 쓰기도 했다.

그러나 이런 문제들보다 더 불안한 것은 사람들 사이에 충돌이 생기는 경우였다. 예수원에는 배경이 너무나 다른 다양한 사람들이 모여 있어서, 때로는 예수원을 계속 유지하지 못할 것 같은 생각이 들 정도로 깊은 오해가 생기는 경우도 있었다. 사람들은 예수원을 시작한 지 꽤 오래되었는데도 우리 가운데 이런 갈등이 있다는 것을 이상하게 여길지도 모른다.

하나님은 우리 가운데서 정말 많은 일을 해주셨다. 우리는 이곳을 찾아온 사람들 중 많은 이들이 변화하는 것을 보았다. 하나님은 그들을 변화시키셨듯이 우리도 변화시키실 수 있었다. 우리가 서로 똑같다면 성령님 없이도 조화롭게 살 수 있을 것이다. 그러나 그렇게 되면 하나님의 존재에 대해서는 아무것도 증명하지 못하게 된다. 하나님은 우리가 서로 다르기를 원하신다. 하나님은 예수님의 사랑이 결국 승리한다는 것을 세상에 알릴 수 있도록, 어려움에 처한 우리들을 돕기 원하신다. 자연적인 사랑은 우리의 목표가 아니다. 우리가 세상에 알려야 하는 것은 하나님의 초자연적인 사랑이며, 그것을 증거하는 것이야말로 예수원이 존재하는 목적인 것이다.

갈등이 생길 때마다 우리는 며칠 동안 각자 자신의 영혼을 살피고 회개하며 용서했고, 오래 참으며 기도로 기다리는 가운데 다시금 조화를 이루었으며, 아울러 새로운 지혜도 얻었다. 예수원은 앞으로도 계속 기도의 집으로 남아 있을 것이며 모든 사람들에게 열려 있을 것이다. "사람이 감당할 시험 밖에는 너희에게 당한 것이 없나니"(고전 10:13상).

이 무렵 '미스터 오순절'이라고 불리는 하나님의 성회 소속 데이비드 듀플레시스 목사가 우리를 방문했다. 우리는 전에 그를 영국에서 만난 적이 있었고, 나중에는 그가 서울의 성 미가엘 신학원으로 우리를 방문하기도 했다. 예수원에 도착한 그는 여의도순복음교회에서 열리는 세계 성령 대회에 가기 전에 예수원에 오게 되어 기쁘다고 말했다. 그는 예수원으로 오는 길이 이렇게 험한지 미리 알았다면 오지 못했을 것이라고 했다! 우리도 그가 포기하지 않고 이곳까지 와 주어서 기뻤다. 그가 와서 회개와 용서에 대해 설교한 것이 많은 사람들에게 도움을 주었기 때문이다.

그때 예수원을 방문한 이들 중에 아내와 함께 온 젊은 미군 의사가 있었다. 그는 원래 오고 싶어하지 않았다. 처음에는 동남아로 여행을 갈 참이었는데, 막판에 비행기 취항이 최소되는 바람에 다른 곳으로 휴가를 가야 했기에 마지못해 예수원에 온 것이었다. 그런데 데이비드의 설교가 그의 마음을 움직였고 그는 성령님께 굴복했다. 수년 후에 우리는 그를 오하이오의 데이튼에서 만났다. 그 부부의 자녀들은 모두 그리스도인이었고, 그는 자신이 일하는 병원에서 성령 충만한 기도 모임을 이끌고 있었다!

데이비드 듀플레시스는 예수원을 떠나면서 "2월에 예루살렘에서 열리는 성령 집회에 두 분이 참석할 수 있도록 기도하고 있습니다"라고 말했다. 이 집회에 대해 들은 바가 있었던 우리는 무척 가고 싶었지만, 비용 문제와 2주 간 예수원을 떠나 있어야 한다는 점 때문에 엄두를 내지 못하고 있었다. 그러나 나는 데이비드의 기도를 가볍게 여기지 않았다. 그는 전에도 나를 위해 기도해 준 적이 있었다.

지난 안식년인 1969년, 천식 때문에 나와 벤이 아처보다 먼저 미국에 갔을 때였다. 시애틀에 도착했을 무렵에는 천식이 다 나은 것 같았다. 데이비드 듀플레시스가 설교한 모임이 끝난 후에 나는 그에게 기도를 부탁했다. 미국에 병을 고치러 왔는데 이미 다 나았으니 앞으로 1년 동안 미국에서 시간을 보내는 일에 하나님의 인도를 잘 받을 수 있도록 기도해 달라고 했던 것이다. 그는 기도해 주었다. 이미 이야기했듯이 그때 나는 주님의 인도로 매우 놀라운 한 해를 보냈다. 그렇다면 이번에는 과연 어떤 일이 일어날까?

미 공군에 있는 친구인 켄 보야크는 예수원에서 '성령 안에서 새 생활 세미나'를 열도록 도와준 사람이었는데, 예루살렘 집회에 갈 계획을 세우고 있었다. 그는 우리도 그곳에 갈 수 있도록 재정적으로 돕고 싶다고 했다. 나는 "아이들 때문에 저는 갈 수 없지만, 아처와 조 목사님이 갈 수 있다면 참 좋겠군요"라고 대답했다. 아처는 홀트아동복지회에 유럽까지 아이들을 데려다 주면 예루살렘으로 가는 구간의 일부라도 무료로 갈 수 있는지에 관해 문의했다. 그러나 조 목사님이 여권을 신청하고 발급받아 가기에는 시간이 너무 촉박했다. 그래서 결국 내가 대신 갈 수 있는 길을 알아 보게 되었다. 우리는 친구인 로빈 아담스가 옌시와 버니를 자기 집에서 돌보면서 그 남편이 새로 설립한 학교에 다니게 해줄 수 있지 않을까 생각했다. 네드 아담스는 그때 막 서울 외국인 학교를 시작했던 참이었다. 그런데 우리와 똑같은 생각을 한 다른 친구가 이미 로빈에게 그 일을 부탁해 놓았다는 것을 알게 되었다. 하나님의 계획은 이미 진행되고 있었다.

마침내 아처와 나는 집회에 참석했고, 약 2,000년 전에 처음으로 성령이 임하셨던 바로 그곳에서 새로운 성령 강림절을 체험했다. 우리는 병고침을 비롯한 여러 기적들을 보면서 전율을 느꼈다. 우리에게도 기적이 일어났는데, 그것은 메사추세츠의 보스턴에서 온 두 명의 옛 친구 빌과 루이스 에릭슨을 만난 것이었다. 그들도 이 집회에 참석하러 왔던 것이다. 루이스는 우리에게 물었다.

"예수원에 젖소 한 마리를 꼭 보내고 싶은데 어떻게 하면 될까요?"

"지금은 받을 수가 없어요. 사료에 문제가 있거든요. 지금 소를 옮겨 놓은 갈전에서도 일이 잘되지 않고 있어요. 우선 다른 땅을 찾는 게 급해요."

우리의 대답에 루이스가 물었다.

"어디서 좀 더 많은 땅을 더 구할 수 있는데요?"

"예수원에 붙어 있는 마을 농장이 매물로 나왔어요. 그 땅을 살까 생각하고 있는 중입니다."

"그 땅값이 얼마지요?"

나는 가격을 말해 주었고 루이스는 진지하게 생각하는 것 같았다. 그것은 젖소 값보다 훨씬 더 많은 액수였다! 나는 부끄러움을 느꼈다.

집회를 마치고 예수원 집으로 돌아왔을 때, 폴과 바바라 킹스베리 부부가 우리를 방문했다. 이들은 장로교 선교사로서 우리의 친구이기도 했는데, 한국에서 이미 20여 년을 일한 부부였다. 두 사람은 여름방학 때마다 예수원을 방문했다. 그런데 기쁘게도 이들은 예수원에서 우리와 함께 사는 일을 생각하는 중이라고 했다. 바바라는 매우 우수한 선생이었는데 우리 두 딸에게 중학교 과목을 가르쳐야 한다는 소명을 느끼고 있었고, 농업 선교사인 폴은 산에 있는 우리 마을과 예수원의 농사를 개발하는 일에 관심이 있었다.

우리는 예루살렘에 갔던 일을 이야기했다. 내가 그들에게 에릭슨 부부에 대해 이야기하면서 그들이 우리가 땅을 사도록 돕고 싶어한다고 말하자, 바바라가 외쳤다.

"그게 바로 제가 세 번째이자 마지막으로 내놓은 양털이에요!"

첫 번째 양털은 그들이 계속 장로교 선교사라는 확고한 신분을 유지한 채 예수원에서 일하도록 선교회에서 허락해 주는 것이었고, 두 번째 양털은 한국 교회에서도 그 일에 동의해 주는 것이었다. 이 두 가지는 이미 충족되었고 이제 세 번째가 이루어지게 되었던 것이다! 우리는 하나님이 새로운 일을 하시리라는 분명한 예감으로 안식년을 마치고 돌아올 이듬해를 기대하게 되었다.

책으로 쓴다면 여러 장(章)을 쓰고도 남을 값진 안식년을 보낸 후, 우리는 예수원으로 돌아왔다. 우리는 공항과 집에서 따뜻한 환영을 받았다. 그리고 그다음 주 수요일에는 갈전의 분원으로 가서 조 목사님 부부와 함께 오랜 시간 이야기를 나누었다. 조 목사님은 예수원의 소명이 얼마나 중요한가를 그 어느 때보다 더 절실하게 깨닫고 있다고 했다. 공동체로 살도록 부름받은 우리의 소명을 모든 이들이 더 깊이 인식하는 것 같았다. 이곳에서 일하시는 분은 다른 어떤 사람이 아니라 예수님이심을 각자 체험적으로 깨달았다. 우리가 사무실과 세탁실과 부엌과 농장과 낙농장과 지역 교회에서 일하는 동안 예수님은 우리를 찾아오는 사람들의 삶 속에서 일하고 계셨다.

의사소통을 방해하는 언어장벽은 문제가 되지 않는 것 같았다.

중보기도의 효과와 일상적인 일과의 중요성에 대해서도 새로운 자각이 일고 있었다. 우리가 이곳을 떠나 있는 동안 예수원과 분원에는 순례자의 행렬이 끊이지 않았고, 하나님은 그 모든 이들에게 역사하셨다. 조 목사님과 샤론은 하나님의 성회 교단에 속한 교회에서 와 달라는 요청을 계속 받고 있었지만, 예수원이 그 사명을 다 하도록 돕기 위해 교단을 떠날 위험을 무릅쓰면서까지 모든 요청을 거절했다. 이 무렵 아처에게도 그와 비슷한 아주 매력적인 요청이 있었고, 사람들은 아처가 그 제안을 받아들일 경우 모두 함께 가겠다고 했다. 그러나 아처가 '하나님이 나를 두기 원하시는 곳은 예수원'이라고 말하자 사람들은 이 말을 받아들였다.

폴 킹스베리는 우리보다 며칠 일찍 예수원에 도착했다. 그의 가족은 정해 놓은 날짜에 합류할 예정이었다. 그들은 살 집을 다 지을 때까지 우리가 누에고치를 치던 작은 집에 살게 되었다. 에릭슨 부부는 하나님의 인도 아래 예수원에 인접한 농장의 가격에 딱 맞는 금액을 두 장의 수표로 보내 주었다. 하나는 빌의 이름으로, 또 하나는 루이스의 이름으로 보낸 것이었다. 우리는 매우 흥분해서 그 땅을 사러 갔다. 그런데 알고 보니 그 땅은 이제 팔지 않는다는 것이 아닌가! 땅 주인은 이곳에 살고 있지 않았는데, 그 친척이 땅을 관리하려고 이사왔다는 것이다.

바울과 아처는 다른 땅을 찾기 시작했다. 마을에 또 다른 땅이 있을까? 다른 땅은 없었다. 그렇다면 예수원 위쪽에 있는 숲을 정부로부터 살 수 있을까? 살 수 없었다. 이 문제에 대해 문의해 보았지만 아무런 성과가 없었다. 우리 손에 돈이 있는데도 이 지역에서 살 만한 땅을 찾지 못한다는 것은 참으로 이상한 일이었다.

그렇게 몇 주가 흘렀다. 예수원이 자리잡고 있는 15에이커의 좁은 땅은 점점 더 좁아 보이기만 했다. 이곳이 농업 실험이나 낙농업을 할 만큼 넓지 않다는 것이 분명했다.

어느 날 아침, 아처는 경건의 시간에 시편 37편을 읽고 있었다. 본문에 있는 비슷한 구절들이 마치 눈앞에 튀어오르듯이 다가왔다.

"오직 온유한 자는 땅을 차지하며"(11절).

"주의 복을 받은 자들은 땅을 차지하고"(22절).

"의인이 땅을 차지함이여"(30절).

그는 물었다.

"주님, 지금 우리에게 무언가 말씀하고 계신 것입니까? 그렇다면 우리가 해야 할 일은 무엇입니까?"

그의 마음속에 명쾌하고도 분명한 생각이 떠올랐다.

"네가 가장 가지고 싶어하는 곳을 우선순위대로 적고, 하나씩 검토해 보아라."

아처의 마음속에 가장 먼저 떠오른 땅은 매일 황지에 갈 때 지나치는 곳이었는데, 몇 명의 사람들이 특별한 사업계획을 가지고 이 땅을 개발하고 있다는 커다란 현수막을 볼 때마다 질투심과 싸우는 기도를 해야 했다. 그는 수년 전 예수원을 세울 만한 장소를 물색할 때 이 땅을 보았는데 아주 마음에 드는 곳이었다. 그곳은 동해와 남해와 서해로 흘러가는 세 갈래의 분수령으로서, 동쪽으로는 산 너머로 바다가 보이는 경치가 숨막힐 정도로 아름다웠다. 마치 기도하는 손처럼 보이는 광경도 멀리 보였다.

두 번째 순위에 오른 땅이 어디였는지는 아무도 기억하지 못한다. 아처는 그날 아침, 유우(幼牛) 관리 계획을 함께 했던 김상규 장로님을 찾아가서 그 땅이 혹시 매물로 나왔는지 알아 봐 달라고 부탁했다. 장로님은 개발을 시작한 사람들이 이제는 지쳐서 땅을 대신 인수하여 빚을 갚아 줄 사람을 찾고 있다는 사실을 알아 냈다. 그 땅은 정부로부터 임대받은 것으로서 160에이커에 이르렀다. 장로님은 그 개발 사업을 하던 주요 책임자들과 연락해서 땅의 임대권을 양도받는 데 드는 모든 비용을 지불하겠다는 계약서에 도장을 찍었다. 나중에서야 우리는, 바로 그날 우리보다 더 많은 돈을 가진 사람이 그 땅 소식을 듣고 자기가 사겠다고 나섰다는 사실을 알게 되었다. 하지만 때는 이미 늦었다!

하사미와 황지 사이의 길에 있는 고개는 한강과 낙동강의 발원지를 이루는 계곡의 경계를 이루고 있는 곳으로서 '피재 고개'라고 불렸으며, 그 지역 땅은 '피재 땅'이라고 불렸다. 우리가 그곳에 붙인 공식적인 이름은 '분수령 목장'이었다. 또 하나의 '분원'이라고 부르기 보다는 '분수령 목장'이라고 불러야겠다는 생각이 들자, 아처는 '목장'(Grange)이라는 단어의 원뜻이 궁금해졌다. 그는 사전을 찾아보았고 그 뜻이 '수도원에 딸린 농장'이라는 것을 발견했다.

우리가 가축 문제의 해결책이라고 생각했거나 그동안 사용해 왔던 땅들은 다 소용없게 되었다. 지금 분수령 목장에는 젖소는 물론 양도 살고 있으며 네 가정과 몇 명의 미혼자들이 살고 있는데, 20년이 지난 오늘날까지 여전히 우리의 것으로 남아 있다. 주님을 찬양하라!

"그들의 땅을 기업으로 주시되 자기 백성 이스라엘에게 기업으로 주셨도다"(시 135:12).

"그들의 땅을 기업으로 주신 이에게 감사하라. 그 인자하심이 영원함이로다…… 하늘의 하나님께 감사하라! 그 인자하심이 영원함이로다"(시 136:21, 26).

그 땅은 20년이 지난 오늘날까지 여전히 우리의 것으로 남아 있다. —분수령 목장.

28

분수령 목장

우리는 피재 땅을 입찰했고, 공식 서류에 도장을 찍었다. 이제는 그 누구도 이 땅에 대한 우리의 권리를 빼앗아 갈 수 없게 되었다. 남은 일은 이 땅을 개간하다가 실패한 그 다섯 사람들보다 우리가 과연 더 잘 해낼 수 있는지 정직하게 생각해 보는 것이었다. 처음에는 그 사람들도 그 땅을 목장으로 개간하라는 정부의 요청을 잘 시행한 것 같았다. 그들은 10에이커의 땅을 벌목하고 8에이커의 땅에 과수원풀과 토끼풀을 심었다. 그 외에도 80마리의 젖소가 들어갈 수 있는 축사 두 채를 지었고, 파이프를 통해 두 개의 샘에서 물을 끌어들인 작은 집도 지었다. 그러나 정부가 이 사업을 위해 투자한 돈 중에서 실제로 집행된 액수는 아주 적었고, 나머지는 증발해 버렸다. 그 결과 우리는 정부로부터 지원금을 받을 수가 없게 되었다.

여러 가지 질문들이 잇따라 떠올랐다. 먼저 일하던 사람들을 대신할 만한 다섯 명의 능력 있는 사람들이 우리에게 있는가? 지금 여기서 풀을 뜯어 먹고 있는 몇 마리 안 되는 우리 소들이 과연 정부에서 요구하는 규모로 불어날 수 있을까? 예수원 식구도 얼마 되지 않는데, 목장에 보낼 인력이 있을까? 임대료와 이미 개간된 작업에 들어간 비용, 필요한 수리를 하는 데 드는 비용, 그리고 더 많은 땅을 개간하기 시작하는 데 드는 비용을 치를 돈이 지금은 있지만, 앞으로도 이 엄청난 사업을 계속할 수 있을 만큼 충분한 돈이 생길까?

1976년 9월 1일 정회원들이 투표를 하기 위해서 모였을 때, 우리는 이러한 질문들을 포함하여 많은 질문들을 마음에 품고 있었다. 하나님이 우리에게 주시는 듯한 이 도전을 책임있게 받아들여야 할까, 아니면 현실적이고 논리적으로 '우리가 감당하기에는 너무 큰 일'이라고 말해야 할까?

놀랍게도 조 목사님 가정과 김모세 장로님 가정을 비롯한 여러 사람들이 이 일을 그대로 진행해야 한다는 데 쉽게 동의했다. 나 혼자서만 계속해서 보류 상태에 있었다. 나는 '우리가 어떻게 제 정신으로 이 엄청난 책임을 떠맡을 수 있을까?' 하고 생각했다. 조 목사님은 "인력에 대해서는 걱정 마세요. 제가 맡겠습니다"라고 말했다. 아처는 '그건 말도 안 돼. 4년 동안 고생해서 이제 겨우 갈전 분원이 제 모양을 갖추고 교회도 짓고 큰 수양회를 할 만한 시설과 약간의 여유를 얻었는데, 또 식구들을 끌고 피재에 가서 몇 년씩 험한 환경과 씨름하겠다고?' 라고 생각했다.

그때 조 목사님이 그렇게 진지하게 제안한 이유를 설명했다. 갈전 교회를 개척한 강 목사님은 우리에게 무료로 20년 동안 땅을 임대한다는 증서를 주었지만, 법적 인가를 받지는 않았다. 그는 오래 전에 이사를 갔고 은퇴를 했다. 그런데 법적 상속자인 그 아들이 땅들을 좋은 가격에 팔기 시작했다. 이제 거의 다 팔려서 교회와 분원 아래 있는 땅과 그 사이에 있는 작은 뜰만 남은 상태였다. 조 목사님은 그 땅도 조만간에 다 팔릴 것이라고 생각했다. 그래서 이제 이사를 가야 한다고 생각했던 것이다! 그는 건물을 포함해서 분원을 '모조리' 피재로 옮길 것을 제안했다. 나는 '그렇다면 조 목사님이 거기서 살면서 일할 수 있도록 이 일을 반드시 시작해야겠네'라고 생각했다. 이제 만장일치가 되었다.

결정을 내린 후에 아처와 폴과 모세 할아버지는 그 땅의 경계와 고도에 대해 군청에 문의했다. 65헥타르(160에이커)의 땅이 두 마을 사이에 걸쳐 있었고, 고도는 해발 850피트에서 시작해 3,740피트에 이르렀다. 경치는 설명이 무색할 정도로 아름다웠다. 아주 맑은 날이면 산맥 위로 수평선이 보였다(밤에는 안개를 뚫고 바다에 떠 있는 어선들의 불빛이 보인다는 사실을 나중에 발견했다). 그들은 그 땅을 걸어 보면서 지형이 대략 삼각형을 이루고 있다는 것과, 그 두 변이 도로에 접해 있다는 사실을 발견했다. 그들은 샘이 있는 위치를 확인하고 덤불을 지나 꼭대기까지 올라갔다. 발은 아팠지만 마음은 즐거웠다.

산 윗부분의 후미진 곳에 이르자 세 개의 강줄기가 만나는 지점

이 나왔다. 하나는 낙동강으로, 또 하나는 한강으로, 그리고 또 하나는 동해로 흘러 들어가는 오십천의 분수령이었다. 강들은 각각 다른 바다로 흘러 들어갔다. 이 분수령에서 아처는 생각했다.

'여기에 삼각으로 된 전망대를 지어 기도처로 삼아야겠다. 여기서 하나님께 감사를 드리며 그의 은혜가 이 강줄기처럼 전세계로 흘러가게 해달라고 기도할 수 있을 거야!'

그들은 언덕을 내려오면서 마치 원형극장같이 생긴 지형을 발견했는데, 앞으로 사람들이 복음을 듣고 집회를 할 수 있는 장소가 될 수 있을 것 같았다. 계속 걸어 내려오면서 7년 안에 목장이 자립할 뿐 아니라 예수원까지 지원할 수 있을 정도로 이 땅의 생산력을 최대한 높이는 데 필요한 돈과 인력, 젖소, 염소, 양의 수를 계산하기 시작했다. 이 모든 것의 출발점은 인력이었다.

이 일을 시작하기 위해서 우리는 하나님께 낙농인, 농부, 목동, 건축가, 기계공, 배관공, 요리사, 아이 보는 사람, 조경사, 그 외에 필요한 사람들을 보내 달라고 기도해야 한다는 사실을 깨달았다. 이들은 모두 오직 하나님의 영광을 위해서 성령의 능력으로 일하기를 원하는 개척자들이어야 했다. "추수할 것은 많되 일꾼이 적으니 그러므로 추수하는 주인에게 청하여 추수할 일꾼들을 보내 주소서 하라"(마 9:37-38).

우리는 강건하면서도 경험과 재능이 풍부한 한 가정, 즉 조 목사님과 샤론과 세 명의 자녀들의 자원(自願)으로 이 일을 시작할 참이었다. 갈전의 강가에서 방목하던 젖소들은 사료에 문제가 있어서 다시 예수원으로 돌아와 있었는데, 이제 목장에서 건강에 좋은 풀을 먹을 수 있게 되었다.

몇 주가 지나자 갈전 분원과 교회 밑에 있는 땅은 주인이 팔지 않으리라는 것이 명백해졌다. 조 목사님은 그곳에서 제대로 성장한 교회를 목회하고 있었고, 분원 옆에는 큰 천막을 쳐 놓아서 많게는 100명까지 수용할 수 있는 집회 장소가 되었다. 우리는 이렇게 성공적인 사역을 중단하고 싶지 않았다. 그들이 지금 하고 있는 일들을 할 수 없는 곳으로 조 목사님 가정을 옮기는 것은 우리 양심이 허락하지 않았다. 그렇다면 목장은 어떻게 할 것인가?

신실한 주예레미야 형제와 그 아내 에스더를 그곳으로 보내는 것이 좋을 듯했다. 결혼한 지 몇 달 되지 않은 그들은 예수원의 작은 방에서 살고 있었다. 우리가 지난 안식년을 미국에서 보내는 동안 예레미야는 6개월에 걸쳐 그리스도 신학교 부설 목장에서 낙농 기술을 배운 후, 예수원의 젖소들을 돌보고 있었다.

예레미야는 그가 독신으로 주님을 섬길 것인지, 아니면 결혼해서 주님을 섬길 것인지를 놓고 한동안 씨름했다. 한번은 그의 친구가 결혼 상대자로 적합할 것 같다고 소개해 준 여성을 만나러 나갔다. 그러나 그 여성이 예수원에서 살지 않겠다고 했기 때문에 예레미야는 "이 사람은 아니다"라고 말하며 돌아왔다.

친절하고 매력적인 젊은 여성 김에스더는 문곡교회 교인이었는데, 우리 마을을 오가는 버스에서 안내양 일을 하고 있었다. 그녀는 아처가 버스를 탈 때 대신 차비를 내 주겠다고 여러 번 고집을 부렸던 사람이었다. 그런데 기쁘게도 그녀가 직업을 포기하고 예수원에 와서 살겠다고 했다.

에스더가 도착한 지 얼마 되지 않아 로이스 할머니와 예레미야는 하나님이 그녀를 예레미야의 아내로 보내 주셨다는 생각을 하게 되었다. 할머니가 에스더에게 그런 의사를 비추자 에스더는 대답했다.

"아니에요, 그분은 제게 너무 과분한 사람인걸요!"

할머니는 소기도실로 두 사람을 불러 이야기를 나눌 수 있게 해 주었다. 두 사람은 제단 앞에 무릎을 꿇고 앉았고, 예레미야는 에스더에게 세 가지 질문에 대해 생각해 보고, 자신의 청혼에 대답해 달라고 했다. 첫 번째 질문은 그녀가 자기 삶에서 가족이나 그 밖에 어떤 것보다 예수님을 우선으로 하겠는가 하는 것이었고, 두 번째 질문은 남편과 함께 예수원에서 살게 되든지, 남편이 광부가 되든지, 교회에서 섬기도록 부름을 받든지, 또는 기타 다른 곳으로 하나님이 인도하시든지 간에 그 어떤 경우라도 그와 함께 갈 것인가 하는 것이었다. 그리고 세 번째는 그녀가 남편을 있는 모습 그대로 받아들이겠는가 하는 것이었다.

에스더는 생각해 보겠다고 했다. 짧은 만남은 그렇게 끝났다. 신중하게 생각해야 할 문제를 떠안은 에스더는 틀림없이 주님을 찾았을 것이다. 그녀는 편지로 대답을 써 보내기로 했는데, 안타깝게도 그 편지가 제대로 전달되지 못하는 바람에 다른 사람들이 예레미야보다 먼저 읽어 버렸다!

소문이 퍼졌다. 그것이 농담이라고 생각했던 버니는 그때 예수원에 방문중이었던 진 헬젤에게 만우절 농담 삼아 말했다.

"예레미야와 에스더가 결혼하는 것 아세요?"

진의 대답은 오히려 버니를 당황하게 했다.

"응, 알아. 정말 멋지지 않니? 예레미야가 결혼식 전에 좀 쉬고 결혼 후에 신혼여행을 갔다올 수 있도록 내가 대신 젖소들을 돌봐 줄 거야!"

늘 그렇듯이 예수원의 부활절은 엄숙하고도 분주했다. 성 목요일 예배 때는 세족식을 가졌고, 성 금요일에는 그리스도의 마지막 일곱 말씀을 묵상하면서 아홉 시간에 걸쳐 예배를 드리고 금식을 했다. 부활절 토요일에는 새 불을 켜고 세례식을 가졌다. 그리고 마지막으로 부활절 아침에 주님의 부활을 축하하는 성찬식을 가졌다. 그런데 이번에는 부활절 마지막 예식이 월요일인 1976년 4월 19일에 있었다. 그것은 바로 주예레미야와 김에스더의 결혼식이었다.

주로 축사 일을 하는 옷차림이었던 예레미야가 새 양복을 입으니 정말 멋있어 보였고, 부엌일의 귀재인 에스더가 길게 흘러내리는 흰 드레스를 입고 베일을 쓰니 참으로 섬세하고 아름다워 보였다. 예수원 가족들과 그 외에 많은 친척들과 친구들이 엄숙한 서약을 지켜보았고, 맛있는 피로연 음식을 먹은 다음, 버스를 타러 가는 신부(에스더는 이제 분홍색 실크 정장으로 갈아입었다)와 신랑을 따라 '주의 사랑으로 사랑합니다'를 부르면서 산 중턱까지 따라 내려갔다. 하나님이 진정으로 쓰기 원하시는 가정의 감동적인 시작이었다.

젖소들이 먼저 목장으로 갔다. 예수원 가족은 집결하였고, 예수원

일만으로도 이미 바쁜 형제들이 젖소들을 돌보기 위해 목장과 예수원 사이를 오갔다. 그 형제들은 바로 주예레미야, 권솔로몬, 남요한, 그리고 박바나바 형제였다. 폴 킹스베리와 형제들은 바윗돌로 외양간을 짓기 시작했는데, 그곳에 양 떼들을 수용할 생각이었다. 가을이 되자 폴과 그의 가족은 예수원 옆에 있는 자신들의 새집 '록베리'(Rockbury)를 떠나 경치가 아름다운 분수령 목장으로 종종 야영을 가곤 했다.

목장에 한 가정을 보내 정착시켜야 할 때가 되었을 때, 예레미야와 에스더가 그리로 갔다. 그들은 이것이 정말 자신들이 하고 싶은 일인가에 대해서는 생각조차 하지 않았다. 그들은 하나님의 인도에 순종하기로 헌신한 사람들이었다. 자신들의 결혼 생활에 부부 두 사람만 있는 것이 아니라 하나님이라는 세 번째 구성원이 계신다는 사실은 그들에게 진정한 안정감을 주었다. 그들은 하나님이 자신들을 인도하시리라는 것을 알았다. 하나님은 그들을 돌보실 것이다. 그분은 두 사람을 만나게 하심으로써 이미 그 사랑을 보여 주시지 않았던가? 또한 그들의 생활에 필요한 것과 결혼식 때 필요한 것을 공급해 주심으로써 그분의 능력을 보여 주시지 않았던가?

두 사람의 결혼식을 치르려면 돈이 필요했는데, 그 당시 예수원은 간신히 살림을 꾸려가고 있는 형편이었다. 그래서 우리는 결혼식을 앞두고 돈을 더 보내 달라고 기도했다. 그때 하버드 대학에 다니는 어떤 사람이 미국에 있는 우리 은행으로 1,500달러를 넣어 주었다. 결혼식 때문에 돈이 필요했던 바로 그 시점에 놀랍게도 하나님께서 돈을 보내 주신 것이다. 그런데 이상한 것은 돈을 보낸 사람의 이름이 우리가 모르는 이름이라는 것이었다. 몇 달 후 은행에서 통보가 왔다. 자기네들이 실수로 1,500달러를 잘못 보냈으니 돌려 달라고 부탁하는 내용이었다. 우리는 전혀 상처받지 않은 채 돈을 돌려보낼 수 있었다. 하나님의 방법은 얼마나 놀라운지!

예레미야와 에스더는 추운 겨울에 도로 가까이에 있는 축사 옆의 작은 집으로 이사를 했고, 아주 빠른 속도로 성숙의 훈련을 받기 시작했다. 이런 훈련을 받은 신랑 신부는 아마 드물 것이다. 예레미야의 훈련은 소젖을 짜고, 배수관을 파고, 나무를 베고, 울타리를 세우고, 잔디를 심고, 어미소에게서 송아지를 받아 내고, 관공서를 방문하고, 성경을 공부하고, 기도하는 것이었다. 에스더의 훈련은 작은 집을 가득 채우고 있는 일꾼들을 돌보고, 그들을 위해 요리를 하고, 살을 에는 추위에 강에서 빨래를 하고, 밭일을 돕고, 사산되는 송아지 때문에 울고, 조금의 여유도 없이 몸으로 기도의 삶을 사는 것이었다.

두 사람은 진정한 개척자였다. 그들은 결혼이라는 새 땅으로 들어갔을 뿐만 아니라, 피재 목장이라는 새 땅으로 들어갔다. 진정한 개척자는 어려움 앞에서 겁을 내지 않는다. 오히려 어려움 앞에서 희망을 북돋운다. 희망과 어려움은 서로 연결되어 있는 것이며, 소중한 것은 쉽게 얻어지지 않는다는 것을 그들은 안다. 새 땅의 풍요를 얻으려면 노력과 인내와 믿음의 대가를 치러야 하는 것이다.

아처와 폴과 모세 할아버지가 계획을 세우기 시작할 때 예상했던 것처럼, 단 7년 만에 새 땅에 풍요의 물고를 틀 수 있을까? 그렇게 빨리 자급자족할 뿐 아니라 예수원을 지원하고 그 밖의 사업계획 또한 실현할 수 있을 만큼 최대한의 생산성을 올릴 수 있을까? 아니면 그보다 더 오랜 시간이 걸려야 할까? 우리는 하나님이 보내시기 원하시는 사람들(낙농인, 목동, 농부 등)이 오기만 한다면 가능한 일이라고 믿었다. 그러나 만약 사람들이 하나님의 부르심을 듣지 않고 반응하지 않는다면 더 오랜 시간이 걸릴 것이다.

하나님은 이스라엘 백성들이 그의 말씀을 더 이상 듣지 않고 반항했을 때에도 그들을 포기하지 않으셨다. 하나님은 40년 동안 그들에게 인내하셨다. 이제 우리에게는 얼마나 오래 참으셔야 할까? 하나님이 보내고 싶어하시는데도 당사자들이 그 음성에 귀 기울이지 않고 그 소리를 듣지 못해 일손이 부족한 상황을 이 신실한 개척자들은 또 얼마나 오래 참아야 할까?

"네가 만일 네 하나님 여호와의 말씀만 듣고 내가 오늘 네게 내리는 그 명령을 다 지켜 행하면, 네 하나님 여호와께서 네게 기업으로 주신 땅에서 네가 반드시 복을 받으리니 너희 중에 가난한 자가 없으리라"(신 15:4-5).

29

확장

1977년이 되었다. 담대한 영혼을 가진 예레미야와 에스더가 전심 전력으로 그들의 일을 헤쳐 나가는 동안 조알버트 목사님과 샤론은 빠르게 성장하고 있는 갈전 세례 요한의 집에서 그들의 사역을 계속했다.

이 두 지점 중간쯤에 있는 예수원은 그동안 예수원이 확장된 것에 감사를 드리고 있었지만, 다른 한편으로는 인력과 재정을 나누는 일 때문에 고전하고 있었다. 세례 요한의 집 일이 확장되면서 수백 명의 사람들이 수양회를 하러 왔기 때문에 예수원 금고에서 지원해야 할 필요가 점점 더 줄어들었다. 그러나 목장은 아직도 완전히 예수원에 의존하고 있었다. 그러나 우리는 언젠가 목장이 예수원을 지원하게 되는 날이 올 것을 믿었다.

건장한 형제들이 매일 목장을 오가면서 젖소를 돌보고 숲을 초장으로 바꾸는(이것은 정부에서 요구한 것이었다) 힘든 일을 도왔기 때문에 예수원에서는 정원을 가꾸는 일과 여러 가지 건축 일들을 제대로 할 수가 없었다. 그러나 문제가 있는 청년들이 '치료'를 위해 하루 정도 힘든 노동을 할 수 있는 아름다운 곳이 있다는 사실은 정말 감사한 것이었다.

분원과 예수원이 계속해서 건설적으로 교류하고 있는 것도 감사했다. 한번은 어느 가정이 예수원의 도움을 구하러 온 적이 있었다. 남편은 도움이 절실히 필요한 알콜중독자였는데, 자신의 문제 때문에 사업과 가정을 망치고 있다는 것을 스스로 알고 있었다. 그는 하나님이 자신을 변화시켜 주시기 전에는 이곳을 떠나지 않겠다고 선언했다. 이틀 동안 우리와 함께 생활하면서 아처와 몇 번의 기도 시간을 가진 그는 산으로 올라가서 하나님께 울부짖으며 자신의 문제를 하나님의 발 앞에 내려 놓으려고 했다. 그러나 단 한마디도 할 수가 없었다! 아처는 이 문제의 해결책을 알고 있었다. 열정적인 조목사님이 문제를 감추고 싶어하는 이 사람의 마음을 꿰뚫고 문제의 핵심에 다가갈 수 있다는 것을 알았던 것이다. 아처는 그를 분원으로 보냈고, 아처가 예상했던 대로 되었다!

여의도순복음교회가 발간하는 잡지 '신앙계'의 편집장인 최완기 씨가 예수원을 방문했다. 그는 아처에게 매달 '산골짜기에서 온 편지'라는 제목의 칼럼을 써 달라고 부탁했다. 그는 예수원에서 녹음을 하고 비디오를 찍었고, 분원에 가서도 동일한 작업을 했다. 그런데 떠나는 날, 카메라와 녹음기기들과 다른 모든 도구들이 없어져 버렸고 아무 데서도 찾을 수가 없었다. 그는 당황하고 낙담한 채로 서울로 떠났다. 마침 서울에 갈 일이 있었던 조 목사님이 그와 동행했다. 그날은 아주 더웠다. 그래서 버스가 산속의 작은 마을에 잠시 멈추자 두 사람은 찬 음료수를 마시려고 구멍가게에 들어갔다. 그런데 놀랍게도 거기에 이제 막 분원에 왔다 간 젊은이가 있었다. 그는 최 편집장이 잃어버린 모든 장비를 들고 있었으며, 이 젊은이가 받은 충격과 당혹감은 이내 회개로 바뀌었다. 그들은 잃어버린 물건을 찾았다는 기쁨 때문에 그 청년을 쉽게 용서할 수 있었다. 그리고 그 청년은 하나님의 손이 자기 위에 있으며 그분이 자신의 인생을 바꾸셨다는 것을 깨달았다.

아이들이건 어른들이건 예수원과 분원 사이를 오갈 일이 많았다. 아처는 간혹 조 목사님이 갈전의 교회에 와서 설교를 해달라거나 수양회에 참석한 사람들(300명까지 참석한 적도 있었다)을 도와 달라는 요청을 받아들였고, 조 목사님은 아처가 예수원에서 정회원들과 수련자들, 지원자들을 위해 이끌고 있는 평신도 신학 과정에 참석하곤 했다.

아처는 이 평신도 학교 커리큘럼에 최상의 과목들을 포함시켰다. 인류의 90퍼센트인 가난한 사람들을 위한 복음, 진리를 붙드는 '세 갈래의 밧줄'(①성경-하나님의 말씀, ②전통-교회사, ③경험-이성), 교회력 절기에 나와 있는 '9단계의 영적 성장', 에베소서 3장 18절에 나와 있는 하나님의 사랑의 네 가지 차원, 실제적인 문제들에 대한 영적인 대답들, 결혼/가정생활/교회생활/정부/경제에 대한 지침서로서의 성경, 성령의 네 가지 역할(은사, 열매, 지혜, 코이노니아), 선교를 향한 부르심 등이 그것이다. 아처는 이제야말로 드디어 인간의 전통이라는 제약 없이 성령의 자유 안에서 신학을 가르치게 되었다는 생각에 즐거워했다. 이 평신도 신학 과정에는 강의와 치유의 시간, 그리고 실제로 체험할 수 있는 기도의 시간도 있었다. 아처가 신학교에서 가르쳤던 학생 수보다 더 많은 36명의 학생들이 이 과정에 등록했다.

평신도 신학 과정은 갈수록 진척되었고, 프랜시스 맥너트 신부의 도움으로 더 풍요로워졌다. 그는 한국에 온 가톨릭 신부였는데, 가톨릭 신자와 개신교 신자가 반반씩 참석하는 미8군 수양회관의 모임에서 강의를 했다. 강의 후 우리는 모두 그를 따라 명동성당으로 가서 치유 예배를 드렸다. 그는 우리를 작은 그룹으로 나누어서, 요청하는 모든 사람에게 손을 얹고 치유를 위해 기도하도록 했다. 그것은 기적과 기쁨의 시간이었다. 아처의 새 비서 브렌다 뉴베리가 바로 그날 영국에서 도착해, 즐거운 마음으로 우리와 함께 이 예배에 동참했다.

한국에서 사역하는 장로교 목사 데이비드 로스는 성령 운동에 적극적이었는데, 맥너트 신부를 도와 서울과 부산에서 그의 통역관 역할을 했다. 한번은 데이비드가 혼자 밤늦게 부산에서 서울로 돌아오는데 하나님이 그에게 "안경을 벗으라"고 말씀하셨다. 그는 오랫동안 써 왔던 안경을 벗었는데, 놀랍게도 선명하게 볼 수 있었다.

우리는 맥너트 신부의 테이프를 집으로 가져와서 듣다가 그 내용이 모든 면에서 아처의 주장을 지지하고 있는 것을 발견하고 정말 기뻤다. 바로 이 시기에 도움이 필요한 많은 사람들이 예수원을 찾아와 치유를 위한 기도를 구한 것은 참으로 기이한 일이었다. 그중 한 사람은 허리 통증이 매우 심한 사람이었는데, 고침을 받든지 죽든지 해결이 날 때까지 예수원의 야외 예배처에서 기도하기로 마음먹고 이곳으로 걸어 올라왔다. 그런데 예수원에 도착하기도 전에 하나님이 그를 고쳐 주셨다. 그는 눈물 어린 요청 대신 즐거운 증언을 가지고 예수원에 도착했다. 하나님은 학생들에게 하나님의 약속을 시도해 볼 수 있는 실험실을 마련해 주고 계셨던 것이다.

3개월 간의 평신도 신학 과정이 끝날 무렵, 하나님은 열아홉 살 된 밥 블레싱과 미국으로 입양된 한국 소녀 디나 피어스를 보내 주셨다. 시애틀에 있는 성 누가 교회에서 예수원의 이야기를 들은 밥은 여름에 이곳으로 사역하러 오고 싶은 마음이 들었다고 했다. 우리는 이 젊은이가 아주 역량 있게 전도와 선교에 대해 가르치는 것을 보고 놀랐다. 그의 사역은 평신도 신학 과정 첫 학기를 멋지게 마무리하기 위해 꼭 필요한 것이었다. 학생들은 그의 가르침에서 영감과 도전을 받아 하사미와 갈전 사이에 있는 작은 마을들을 찾아가 집집마다 방문하며 전도를 했다. 아처는 "주님, 그를 다시 보내 주십시오"라고 기도했다.

이러한 상황이 진척되는 동안 예수원 가족들에게는 영적인 문제들이 있었다. 그동안 아기 모니카를 얻은 예레미야와 에스더는 목장 일을 사임했다. 그들에게는 계속 일하면서 역경을 견딜 마음이 가득했지만, 일꾼들과의 관계는 감당할 수 없을 정도로 힘겨운 것이었다. 그들은 이러한 압력에 짓눌리지 말아야 했다. 실상을 보고 난 우리는 두 사람의 마음을 이해할 수 있었다.

그들의 사임 문제 때문에 김 장로님 부부와 조 목사님 부부, 킹스베리 부부를 비롯한 몇몇 사람들이 갈전에 모여 회의를 했다. 우리는 그곳에서 하룻밤을 지냈다. 다음날 아침, 버스를 타고 오는 우리의 마음은 슬픔으로 가득 차 있었다. 그런데 버스 안에서 예레미야와 에스더가 회의 시간에 우리가 보여 준 사랑 때문에 사임은 하지 못하겠고 그 대신에 예수원으로 돌아오겠다고 함으로써 우리의 슬픔을 덜어 주었다. 이런 생각을 해준 두 사람이 정말 고마웠다.

목장 일은 권솔로몬 형제의 통솔로 몇 달 간 진행되었고, 그 후에는 남요한(그는 우리 마을 출신이었다) 형제가 또 몇 달 간 통솔했다. 변화가 많았지만 폴 킹스베리가 항상 일의 진척을 점검하면서 일을 진행시켰다. 목장 일이 아무리 힘들어도 우리는 숨막히도록 아름다운 산의 경치를 항상 즐길 수 있었고, 아울러 우리가 '기도하는 손'이라고 이름 지은 산맥의 형상이 멀리까지 펼쳐진 것을 보고 기뻐하며 하나님을 찬양할 수 있었다.

바로 이 무렵 예수원에서 오랫동안 열심히 일했지만 영적으로는 깊지 못했던 한 가정이 예수원을 떠났다. 그들은 성령님께 관심을 보이지 않았고, 모든 것을 자기 힘으로 하려고 했다. 그들이 떠난 것은 그동안 쌓여 온 많은 긴장과 잘못의 결과였다. 사람들은 자신을

목장 일이 아무리 힘들어도 우리는 숨막히도록 아름다운 산의 경치를 항상 즐길 수 있었다. – '피재 목장'. 현재인 그림.

향해 죽는 것을 매우 어려워하며, 심지어 '죽는다는 것'이 무엇을 의미하는지 이해하는 것조차 매우 어려워한다는 사실을 배우기란 아주 고통스러운 일이었다. 그들과 이별할 때 가장 슬펐던 것은 그 자녀들과 헤어지는 것이었다. 이 아이들은 왜 자기들의 삶에 이런 갑작스런 변화가 찾아왔는지 전혀 이해하지 못하고 있었다. 이 일을 통해 우리는 공동체로 사는 삶이 얼마나 소중한지, 그리고 얼마나 많은 대가를 치러야 하는지를 깨달았다.

우리 아이들도 그들과의 작별을 슬퍼했다. 그러나 한편으로 아이들은 의미 있는 여름을 보내고 있었다. 아직 마을 분교에 다니고 있던 버니는 바바라 킹스베리에게 영어를 배우고 있었고, 2년 전에 마을 분교를 졸업한 옌시는 바바라에게 중학교 과목들을 깊이있게 배우고 있었다. 키미와 디키 아담스가 우리 딸들을 보러 왔는데, 놀랍고 기쁘게도 네 명 모두 성령 세례를 구했고, 구한 것을 받았다.

옌시는 여름이 가기 전에 디나가 일본에 있는 친구들을 만나러 가는 데 동행하기로 했다. 이 여행은 열세 살 된 옌시가 처음으로 부모와 떨어져서 떠나는 해외여행이었다. 그들은 신나는 모험을 했고, 길을 잃어서 경찰서에 가야 했던 적도 있었지만 모두 무사히 한국으로 돌아왔다.

예수원 건물은 짓기 시작한 지 12년이 지난 후에도 여전히 건축 중이었다. 우리 네 식구와 네 마리의 고양이는 원래 쓰던 두 개의 방에서 계속 생활해 왔는데, 조만간에 사각형 건물의 왼쪽 아래 구석으로 이사 가기를 바라고 있었다. 일은 항상 돈이 있고 일꾼이 있는 만큼씩만 진행해야 했다. 이 부제(副祭)와 그의 조카 유스틴이 우리와 함께 살면서 최소한의 임금을 받고 일을 했다. 그들은 둘 다 탁월한 기술자였다. 그들과 함께 마을에 사는 김찬우 씨와 김종오 씨도 여러 날 와서 일해 주었다. 옌시 방의 공사가 끝나자 옌시는 건물 아래쪽 모퉁이로 이사를 갔고, 버니의 방도 공사가 끝나 버니와 고양이들도 아래쪽 모퉁이로 이사를 갔다. 이제 대기도실 벽난로 위에 있는 방 두 개에 처음으로 우리 부부만 남게 되었다. 루신다의 어머니는 루신다가 우리를 방문할 수 있도록 방을 준비해 달라고 돈을 보냈다. 그래서 우리는 지하에 있는 석탄광을 욕실이 딸린 크고 밝은 방으로 개조해 놓고, 몇 달 후에 올 루신다를 기다렸다.

아래층 모퉁이 공사를 부분적으로 끝낸 형제들과 일꾼들은 헛간 공사에 도전했다. 데이비드 로스는 예수전도단 사람들을 데리고 이곳에서 2주 동안 전도학교를 열 수 있겠느냐고 물었다. 우리는 신이 났지만, 우리가 가진 시설로는 그렇게 많은 사람들을 수용할 수 없다는 것을 알고 있었다. 우리가 데이비드에게 그나마 가능성 있는 장소로 보여 줄 수 있는 곳은 축사 다락뿐이었는데, 그곳은 넓기는 했지만 어둡고 검게 그을은 데다가 바닥 여기저기에 구멍이 나 있었고 오래된 짚더미가 쌓여 있었다. 그러나 이곳을 둘러본 그는 환한 얼굴로 말했다.

"멋진데요!"

데이비드의 말에 우리는 그곳을 쓸 만한 곳으로 개조할 영감과 힘을 얻었다. 우리는 지붕과 바닥, 벽과 창문을 새로 만들고, 30명이 잘 수 있는 다다미도 새로 깔았으며, 새 연탄 난로를 사 놓았고, 밖에는 화장실과 세면실을 지었다. 하나님께서 우리의 이 미친 짓에 복을 주시는 것 같았다.

새해가 다가오고 있었다. 전도단 사람들이 올 때가 되었다. 자매들은 사각형 방과 루신다의 방, 그리고 아직 공사가 끝나지 않은 우리 방에서 지냈고, 형제들은 축사 다락에서 지냈다. 그 기간은 강의와 찬양의 시간이었고, 서로의 짐을 지며, 복음을 연극으로 꾸미고, 코이노니아에 대해서 배우며, 주님의 기쁨을 외치는 영광스러운 시간이었다. 살아 계신 하나님께 이와 같은 열정을 표현했으니, 이제 우리는 결코 전과 같을 수 없으리라.

많은 전도단 회원들은 다음 행사가 있을 때까지 남아 있었고 그들이 가진 음악적 재능으로 그 행사를 특별히 빛내 주었다. 다음 행사는 바로 아처의 예순 번째 생일이었다. 한국에서는 이 생일을 남자의 인생에서 최고의 행사로 친다. 이 생일 이후로 남자는 은퇴를 한다. 그 명칭은 '환갑'으로서, 음력으로 60년의 인생을 다시 시작한다는 뜻이다. 이미 배마가 주교가 우리 가족과 모든 성공회 신부들을 대전으로 초대해 격조 높은 예배와 저녁 만찬으로 아처의 환갑을 축하해 주었다.

그리고 아처가 예순 살 되는 바로 그날인 1월 19일에 예수원은 조 목사님의 능숙한 지도 아래 제대로 행사를 치를 준비를 갖추었다. 우리는 다시 한 번 새 축사 다락을 사용했다. 그곳에 가장 많은 사람들을 수용할 수 있었기 때문이었다. 하지만 정말로 이 축사 다락

다음 행사는 바로 아처의 예순 번째 생일이었다.
－축사 다락에서 맞이한 환갑 잔치. 1978년.

이 이 많은 사람들을 버티어 줄까? 혹시 바닥이 주저앉지는 않을까? 우리는 다락 아래에 버팀목으로 기둥을 여러 개 세웠다. 저녁 식사는 사각형 건물의 각 방에서 대접했다. 식사 후 축사 다락에 사람들이 가득 모였다. 상에는 케이크와 장식들이 놓였고 뒤에는 아름다운 비단 병풍이 펼쳐졌다. 사람들은 새 한복을 입고 검은 갓을 쓴 아처에게 절을 했다. 연설과 특별히 준비된 음악이 있었고, 마지막으로 위대한 무형문화재 박동진 씨가 복음서 이야기를 한국 전통 음악인 판소리로 공연했다.

우리는 이 유명한 사람이 감동적인 복음서 이야기를 직접 부르다가 그리스도인이 되었으며 자신의 노래를 통해 친척 60명을 그리스도께 인도했다는 이야기를 듣고, 환갑 잔치에 꼭 이분을 초청하여 우리 마을 사람들에게 한국적인 방법으로 예수님의 이야기를 들려주어야겠다고 생각했다. 박 장로님은 연주에 온 마음과 영혼을 쏟아부었다. 추운 1월이었는데도 흠씬 땀이 흘렀다. 지금도 그의 모습이 눈에 선하고, 흥을 돋우는 고수의 장단에 맞춰 베드로가 예수님을 부인하는 내용을 읊던 소리가 들리는 듯하다. 마을 사람 하나가 대담하게도 "춘향전을 부를 것이지"라고 불평하긴 했지만, 그 판소리는 큰 성공을 거두었다. 모든 문화의 사람들을 위해 죽으신 예수님께 판소리로 사랑을 표현하는 모습은 아름다웠다.

예수원 수련자들과 전도단 사람들, 박 장로님, 그리고 하나님이 보내 주신 여러 다른 사람들 덕분에 예수원과 갈전 사이에 있는 마을들 곳곳에 교회가 세워졌다.

“너희를 부르시는 이는 미쁘시니 그가 또한 이루시리라”(살전 5:24).

30

하나님이 마련하신 식탁

봄과 여름에 걸쳐 평신도 신학 과정 첫 학기가 성공적으로 끝나고 6주 동안의 예수전도단 전도 과정도 멋지게 마무리된 후, 우리는 조직적인 신학 연구를 앞으로 계속할 수 있도록 준비를 해야 할지 자문했다. 아무래도 그래야 할 것 같았다. 그런데 아무리 정교하게 계획을 세우고 준비한 것이라도 일단 제단 앞에 내려놓으면, 하나님께서 그것과는 전혀 다르면서도 훨씬 더 좋은 계획으로 바꾸시는 것을 우리는 종종 보아 왔다. 이번에도 우리의 계획대로 움직이기보다는 더 큰 신뢰를 갖고 기다리면서 지켜보는 가운데, 하나님이 하시는 일을 따라가야 할 것 같았다.

예수전도단의 지도자인 조이 도슨은 한국의 공동체 지도자들 및 기도원 원장들과 더불어 이야기를 나누러 한국에 왔다. 아처는 그녀와 함께 지내면서, 하나님이 그에게 주신 비전들을 말로 표현하는 것이 중요하다는 것을 깨닫기 시작했다. 조이는 아처에게 잠언 29장 18절을 인용해 주었다. "묵시(vision)가 없으면 백성이 방자히 행하거니와." 아처는 확정적인 계획을 세우고 싶은 강한 충동을 제쳐놓고, 하나님이 그에게 주신 꿈을 전단으로 만들어서 출판했다.

예수원 : 십자가 지기를 배우는 장소
　　　　받기보다는 주기를 배우는 장소

전도를 위한 출발 장소로서 예수원의 기능은 다음과 같습니다.

- 훈련소
- 연구소
- 파송소
- 부담소
- 보급소
- 발력소

우리는 여러분께서 예수원 공동체(또는 가족 공동체)의 정회원으로서 적임자가 되어 이 사명을 함께 이루실 것을 바랍니다. 다시 말해서 이는 코이노니아를 가리키는 것으로, 원래 친척이 아닌 사람들이 예수님 안에서 친척보다 더 가깝게 되어 초자연적인 가족이 되는 것입니다.

신학 과정을 이수한 형제자매들은 대부분 세상으로 나갔다. 우리는 그들이 강의를 통해서, 가르치고 섬기는 기회를 통해서, 특히 공동체에서 낯선 사람들과 함께 친밀하게 생활하며 날마다 죽는 일을 통해서 배운 모든 것들을 잘 적용하리라고 믿었다. 아주 적은 숫자의 핵심 인원만이 예수원에 남아서 기도와 힘든 노동의 삶을 이어 갔다. 하나님은 이렇게 당신의 계획을 이루어 나가고 계셨다.

예수원에서 사는 사람들과 이곳을 오가는 사람들 대부분이 한국 사람들이었지만, 하나님은 여기에 국제적인 색채를 더하셨다. 아처의 조카인 데이비드 토리가 이곳에 살면서 우리와 모든 일을 함께 했다. 그는 기도(데이비드의 기도를 통해 모세 할아버지의 충혈된 눈이 치료되었다)에서부터 매우 힘든 기술적인 일과 목수 일(지금 내가 이 글을 쓰고 있는 책상은 그가 모세 할아버지를 위해 사랑하는 마음으로 만든 것이다)에 이르기까지 우리 삶의 모든 면을 함께 나누었다. 아들 벤은 아내 리즈와 함께 돌아와, 1년 간 수련자로 지내면서 미국에 그들 나름대로의 예수원을 세울 준비를 했다. 또 수년 전에 이곳을 몇 번 방문했던 바바라 데이비스는 남편 브래드와 함께 1년 동안 사역하러 왔고(우리는 그들이 이곳에서 4년 간 머물러 준 것에 감사한다), 워싱턴 주의 시애틀에서 온 그레그 로빈스는 우리와 함께 몇 달 간 지내면서 형제들과 손을 맞잡고 힘든 일들을 함께 했다. 루신다는 겨울 중반쯤에 왔는데, 자기를 위해 만든 따뜻한 새 방을 보고 우리에게 감사했다. 우리는 나중에 그녀가 어느 누구보다도 산을 잘 오른다는 사실을 알게 되었다.

영국에서 온 아처의 새 비서 브렌다 뉴베리는 2년 동안 섬기면서 아처의 사무실 업무를 크게 덜어 주었다. 그 후에 그녀는 한국어를 공부했고 서울 외국인 학교에서 4년 간 5학년 아이들을 가르쳤다. 브렌다는 모든 면에서 하나님을 신뢰하는 사람이었다. 한번은 산에서 불이 났는데, 버니가 형제들의 도움을 청하러 산꼭대기에서 정신없이 예수원으로 뛰어가는 동안 하나님의 도움으로 용감하게 그 위험한 산불을 막아 내기도 했다. 마침 바람의 방향이 바뀌는 바람에 꽤 넓게 번졌던 불이 안전하게 소화(消火)되었다.

호주에서 온 이언 라이트는 소 키우는 일에 능숙한 사람이었다. 그는 우리와 함께 3년을 살다가 주웰 자매와 결혼해서 호주로 돌아갔다가 다시 한국에 돌아와 3년 간 예수원 목장 개발을 도와주었다.

그리고 킹스베리 가족이 있었다. 그들은 자신들이 직접 지은 '록베리'라는 집에 살면서 우리 딸들의 학교 교육을 맡아 주었고, 목장 일을 진행했으며, 장로교 파송 선교사로서 열심히 일하는 한편 우리에게 위안을 많이 주는 친구가 되었다.

하나님이 우리를 돕기 위해 보내 주신 이 외국인 부대에 덧붙여, 밥 블레싱이 7명의 미국인과 함께 또 한 번의 여름을 보내러 왔다. 밥 일행은 우리 형제자매들 및 예수전도단 사람들과 함께 많은 교회에서 집회를 가졌고, 예수원에서 매우 건설적이고 흥미진진한 활동을 했다.

김선희는 나의 부탁으로 나를 도우러 온 마을 소녀였다. 몇 달이 지난 후 선희는 월급을 받지 않고 자원해서 일을 하는 예수원 가족의 일원이 되고 싶다고 했다. 선희는 열정적이었고, 무슨 일이든 할 준비가 되어 있었으며, 식용 나물을 식별하는 법을 알고 있었다. 이 아이가 우리와 함께 있다는 것은 참으로 큰 복이었다. 그런데 시간이 지나면서 선희의 건강에 이상이 있다는 징후가 명백하게 드러나기 시작했다. 몸이 붓고, 손이 뻣뻣해지고, 숨쉬는 것을 힘겨워했다. 선희는 병원에 여러 차례 가서 주사도 맞고 약도 먹었다.

마침내 삼척에 있는 수녀들이 선희의 병명을 밝혀 냈다. 선희는 전에 결핵을 앓은 적이 있었는데, 그 후유증으로 심장을 싸고 있는 막에 상처가 남아 심장이 제대로 자라지 못했던 것이다. 대구 선교 병원 이사회에 속해 있던 폴 킹스베리는 그곳으로 선희를 보내라고 했다. 이때는 이미 선희가 2년 간 심각하게 이 병을 앓고 난 후였다. 브래드와 바바라 데이비스가 대구로 선희를 데려갔고, 다행히도 심막 수술(심장을 싸고 있는 막을 제거해서 상처나지 않은 새 막이 자랄 수 있도록 하는 수술)을 할 수 있는 의사가 '우연히' 시간이 나서 선희에게 수술을 해줄 수 있었다. 선명회에서 비싼 수술비를 대 주었다.

의사인 유영순 씨는 선희의 빠른 회복에 놀라움을 금치 못했다. 선희는 건강하고 힘이 넘치는 모습으로 예수원에 돌아왔고, 예수님을 믿지 않는 가족들에게 하나님이 해주신 일을 증거했다. 이제 두 아들의 어머니가 된 선희는 김장철마다 남편의 트럭에 배추를 가득 싣고 와서 우리 김장을 도와준다.

조도 시간에 우리는 시편을 읽는다. 그런데 이즈음 시편 72편을 읽을 때마다 아처에게 떠오르는 생각이 있었다.

'다윗이 솔로몬을 위해 왕의 의로운 통치에 대해 쓴 이 시편이 박 대통령의 마음에 들어가야 해.'

하나님이 아처에게 지시를 내리시는 것 같았다. 이 시편을 쓴 병풍을 대통령에게 선물로 보내면 좋겠다고 생각한 그는 이곳저곳에 문의한 끝에 뛰어난 서예가이자 진정한 예술가인 정하곤 씨를 소개받았다. 그는 아처에게 얼마를 줄 수 있는지 물었다. 아처는 모아둔 돈의 액수를 말했다.

"그 정도면 병풍 한쪽 값은 되겠군요. 하지만 여섯 쪽이 필요한데요."

그러나 정하곤 씨는 이것을 아주 멋있는 생각으로 여겼고, 아처의 태도를 좋아했다. 그는 대통령에게 드리는 거니까 대가 없이 글씨를 쓰겠다고 했다. 아처는 믿을 수가 없었다! 얼마나 아름다운 예술품이 탄생할까!

그러나 선물을 청와대에 가져가는 것은 쉬운 일이 아니었다. 아처는 대통령과의 개인적인 만남을 시도해 보았다. 청와대 직원들은 친절했지만 단호했다. 그들은 "여기 누구 아는 사람이 있습니까?" 하고 물었다. 그들은 아처를 문화공보부 장관에게 소개했다. 여기 사람들도 정중한 태도로 불시의 요청을 했다. 아처의 약력과 병풍 사진, 그리고 병풍에 적힌 글씨의 정확한 내용을 달라고 한 것이다. 아처는 전에 만난 적이 있는 전(前) 미 대사였던 함 대사에게 부탁해 보아야겠다고 생각했다. 그는 친절하게도 자신이 직접 대통령에게 선물과 아처의 편지를 함께 전해 주겠다고 했다. 손으로 직접 쓴 값진 6쪽 병풍이 이제 그 목적지를 찾아가게 되었다. 아처는 함 대사와 이야기를 나누고 나오다가 로즈 버지니아 수녀를 만났다. 그녀는 그 병풍에 대한 이야기를 들었고, 자신이 영어를 가르치고 있는 대통령의 딸을 통해 그 병풍을 전달해 줄 생각이었다고 했다. 그러나 이때는 일이 이미 잘 처리된 후였다.

몇 주 후 도청에 있는 공석표 부장이 세 명의 관리들과 함께 아처를 찾아왔다. 그는 도지사와 부지사 모두 오지 못해서 죄송하다고 하면서 대통령이 보낸 개인 서한을 전해 주었다. 대통령의 편지에는 몇 년 전에 아처에 대해서 들은 적이 있으며, 미국에 한국을 잘 소개해 주고 자신의 가족에 대해서도 친절하게 말해 주어 고맙다는 내용이 쓰여 있었다.

그것으로 이 일이 마무리된 것일까? 그렇지 않았다. 목장에서는 5월 20일까지 30마리의 가축을 더 갖추지 않으면 목장을 포기해야 한다는 군청의 전갈을 받고 난리가 나 있었다. 이 일 때문에 사람들이 목장을 떠났다. 어떻게 우리가 갑자기 가축을 그렇게까지 불릴 수가 있을까? 모든 사람들이 이 사건의 의미가 무엇인지, 그리고 도대체 어떻게 해야 할지를 놓고 고민했다. 우리는 하나님께 빠져 나갈 길이 있는지 물었다.

4월 4일에 군수가 예수원을 방문했다. 바로 그의 이름으로 목장에 그 운명적인 전갈이 왔었다. 그러나 그가 방문한 것은 그 문제 때문이 아니라 대통령의 편지를 직접 전달하러 오지 못한 것을 사과하기 위해서였다. 아처가 군청에서 보내온 새로운 요구 사항에 대해서 묻자 그는 충격을 받았다. 그는 그 일을 전혀 모르고 있었다. 상황을 잘 모르는 직원이 그 전갈을 보냈던 것이다. 군수는 오히려 우리에게 이미 32마리의 가축이 있는데도 정부에서 약속한 잔디씨와 석회를 공급해 주지 않은 상황을 적어 갔다. 그는 우리에게는 문제가 전혀 없다는 점을 확신시켜 주었다. 할렐루야!

예레미야와 에스더가 아들을 낳았다. 아이의 이름은 어거스틴이라고 지었다. 아이가 태어나는 것을 지켜보던 예레미야는 옆방에 있는 로이스 할머니의 방에 가위를 빌리러 갔고, 할머니와 할아버지는 곧 아기의 울음소리를 들을 수 있었다. 리즈는 자기 어머니에게 이 일을 써 보내면서, 몇 달 후 자신도 아이를 낳을 예정이라고 했다. 리즈의 어머니는 "그 가위 사건 같은 일은 절대 있어선 안 된다!"고 답장을 썼고, 리즈는 "걱정 마세요. 전주 기독 병원에서 세 명의 의사 선생님이 예수원에 오셨는데, 그중에 한 분은 시아버님과 함께 평양 외국인 학교에 다녔던 분이시래요. 그분들이 저더러 전주 병원에 와서 아이를 낳으라고 하시는군요"라는 답장을 쓸 수 있었다.

얼마 후, 우리는 마을에 유일하게 하나 있는 전화로 받은 소식을 몇 사람을 거쳐 전달받았다. 벤이 전주에서 루벤 에드워드의 탄생 소식을 전한 것이다. 그날은 2월 4일이었는데, 내 생일이기도 했다!

80년대에 접어들면서 많은 변화와 중요한 사건들이 있었다. 조 목사님의 활동은 이제 갈전의 시설로는 다 감당할 수 없을 정도로 확장되고 있었다. 동시에 그는 몇몇 장로님들의 방문을 받았다. 그들은 조 목사님을 목회자로 모시려고 꽤 오랫동안 기도해 왔는데, 드디어 조 목사님에게 그 교회로 와 달라는 부탁을 하러 가도 된다는 하나님의 허락을 받았다고 했다. 갈전에서 6년의 세월을 보낸 조 목사님은 하나님이 이제 그에게 떠나라고 하시는 것을 알았다. 그는 다른 곳에서도 초청을 받았지만, 도움이 필요한 사람들이 많은 서울의 한 지역에서 이 사람들이 찾아오기 전까지는 하나님의 부르심을 느낄 수가 없었다.

우리는 하나님의 손길이 이 일에 놓여 있다는 것과 그가 가야 한다는 것을 알았다. 한편으로는 곤혹스러웠지만, 다른 한편으로는 이 탁월한 목사님과 그 가정이 지난 10년 동안 우리와 가깝게 연합할 수 있었던 것이 참으로 감사했다. 우리는 하나님께서 우리의 교제를 지속시켜 주시리라는 것을 알았다.

조 목사님이 그 교회를 맡자마자 20개의 구역이 생겨났고, 때가 되었을 때 그는 교단의 총회장이 되어 매우 중요한 역할을 감당했다. 조 목사님이 예수원을 통해서 했던 사역은 우리에게 매우 중요한 유산이 되었다. 그는 하나님의 음성을 듣는 것과 그분의 도전을 받아 편안한 기존의 틀에서 벗어나는 일에 대해 많은 것을 가르쳐 주었다. 또한 우리의 삶을 아주 풍요롭게 해주었던 그 가족은 우리에게 큰 복을 남기고 떠났다. 바로 샤론의 부모님 되시는 로이스 할머니와 모세 할아버지, 그리고 그분들의 친척인 아론 할아버지와 리디아 할머니가 우리와 함께 남은 것이다. 아론 할아버지는 예수원에서 닭과 칠면조를 사육하며 농사를 지었고, 리디아 할머니는 아론 할아버지를 도우면서 제단 위에 씌울 보에 아름다운 수를 놓았다. 그분들의 딸 포튜나타도 와서, 서울에서 열릴 예정인 내 개인전을 준비하는 데 많은 도움을 주었다.

예수원의 행정을 돌보면서 회계 일도 담당했던 모세 할아버지는 예수원의 장로이면서 고문이기도 했다. 배마가 주교는 모세 할아버지에게 사제의 자질이 풍부한 것을 보고는 성공회의 사제 서품을 주었다. 이 일은 예수원의 사기를 북돋아 주었다. 왜냐하면 아처가 안식년으로 자리를 비우는 동안 모세 할아버지가 아처 대신 제단에서 섬길 수 있을 뿐 아니라 총책임자로서의 역할도 할 수 있게 되었기 때문이다. 이러한 '승진'이 있은 지 얼마 되지 않아 모세 신부님은 하나님의 임재 가운데 또 한 번의 승진을 했다. 이 일은 모세 신부님이 예수원 일로 자주 왕래하던 묵호 지방청을 방문하던 중에 일어났다. 작은 호텔에서 아침 식사를 한 후 갑자기 돌아가신 것이다. 이 일로 로이스 할머니와 가족들과 예수원 식구들은 큰 충격을 받았다! 그때 우리는 미국에 있었다. 예수원 식구들과 마을 사람들은 야외 예배당 너머에 있는 언덕에 그의 무덤을 마련했다. 그는 참으로 신실하게 하나님을 섬겼으며, 우리에게는 든든한 산이 되어 주었다. 배마가 주교는 우리가 돌아올 때까지 예레미야를 책임자로 세웠다. 후에 그는 예레미야에게 사제 서품을 주었다.

80년대로 들어서면서 또 어떤 변화들이 있었던가? 킹스베리 가족이 은퇴하고 미국으로 돌아가면서 우리에게 지원자를 수시로 받지 말고 한 번에 그룹 단위로 받으라는 권고를 해주었다. 이것은 코이노니아를 배우기에 아주 좋은 방안이라는 점이 증명되었다! 또한 그동안 계속 말썽을 일으키는 발전기와 씨름하다가 다시 촛불과 등유, 카바이드 램프, '버니 버너'(bunny burners)로 돌아가기를 여러 번 반복하며, 때때로 얼음덩어리를 비누덩어리로 착각할 정도로 컴컴한 산을 더듬어 다니던 우리는 정부가 마련해 준 전기 덕분에 항상 구석 구석에 불을 밝힐 수 있어서 정말 기뻤다.

1980년, 우리가 안식년으로 미국에 가 있는 동안에는 드포레스 형제와 몇몇 가톨릭 신자들의 사역을 통해 성공회 신부 여러 명이 성령 세례를 받았다. 안식년을 마치고 돌아온 우리는 그들이 성공회 교회에서 '성령 안에서 새 생활' 세미나를 이끌기 위한 사역팀을 구성한 것을 보고 정말 기뻤다. 그 후로 우리는 1년에 두 번씩 예수원 지원자들을 위해 여는 세미나 인도를 그분들에게 부탁했다.

그때부터 잡지 '신앙계'에 매달 연재해 오던 '산골짜기에서 온 편지'는 지금까지도 계속되어서, 현재 다섯 권의 책으로 출판되어 있다. 이 책과 다른 여러 책들이 출판된 결과 아처는 외부에서 강의와 설교 요청을 많이 받았고, 예수원으로도 손님들이 많이 찾아왔다.

이 산에서 33년을 살고 난 지금, 나는 내가 처음에 거의 반항조로 던졌던 질문들을 다시 떠올리면서 하나님이 그 각각의 질문에 얼마나 놀라운 대답을 가지고 계셨는지 깨닫게 된다. 나는 "왜 우리가 광야로 나가야 하지요?"라고 물었다. 하나님은 평온한 가운데 자극을 받을 수 있고 피난처가 되는 아주 아름다운 산으로 우리를 인도 하셨고, 우리를 비롯한 많은 이들은 이곳에서 창조주의 솜씨를 한껏 즐기는 가운데 자신의 영혼을 확장시킬 수 있었다.

또 나는 "그렇게 외딴 곳까지 찾아올 사람이 과연 있을까요?"라고 물었다. 그러나 우리가 심지어 천막에서 지낼 때도 사람들은 찾아왔다. 그들의 삶의 배경은 다양했고, 이곳을 찾아오는 목적도 다양했다. 그 가운데는 기도나 성경공부나 상담을 위해서 온 이들도 있었고, 공동체 생활에 대해 알고 싶어서 온 이들도 있었으며, 등산하러 온 이들도 있었다. 이제 많게는 1년에 10,000명까지 이곳을 찾아온다. 우리는 한 번도 외로운 적이 없었다.

그리고 나는 "도대체 왜 우리가 공동체로 살아야 하지요?"라고 물었다. 처음에는 아무도 찾아 오지 않을까 봐 걱정했고, 그다음에는 혼자서 생각하고 그림 그리고 기도하는 것을 좋아하는 내 성품을 생각하고는 도리어 너무 많은 사람들이 찾아올까 봐 걱정했다. 그러나 하나님은 참으로 귀한 형제자매들을 예수원 가족으로 보내 주셨다. 지금은 25명의 정규 회원과, 32명의 수련자들, 28명의 아이들이 있고, 최근에 서른다섯 번째로 시작한 지원자 반에는 21명의 지원자들이 있다. 이 모든 것을 통해 우리 안에 있는 하나님의 사랑이 퍼져 나갈 수 있었고, 우리 혼자 결코 할 수 없는 일들을 그들과 함께 하나님을 위해 해 나갈 수 있었다. 이곳이 아니라면 다른 어떤 곳에서 이렇게 소중한 사람들과 친밀한 관계를 맺을 수 있었을까?

또 나는 "어떻게 이렇게 엄청난 프로젝트를 운영하지요?"라고 물었다. 참으로 하나님은 우리에게 필요한 것을 계속해서 보내 주셨다. 그분은 우리가 원하는 것을 다 보내 주시지는 않았지만, 알맞은 때에 알맞은 금액을 지혜롭게 보내 주셨다. 우리가 하나님의 음성을 듣고 믿음으로 나아갈 때 그분은 우리의 필요를 책임져 주신다. 하나님이 그렇게 해주시지 않을 경우, 우리는 그분의 음성을 잘못 들었다는 것과 다른 대책을 세워야 한다는 것을 안다.

하나님은 여러 가지 사업을 통해 해마다 자급자족의 정도를 늘려가게 하셨고, 개인과 그룹과 다른 많은 놀라운 방법들을 통해 우리에게 필요한 것들을 보충해 주셨다. 예를 들어 예수원에 필요한 물건 중에 아처가 서울까지 가서 사 와야 하는 것들이 많았는데, 돈이 하나도 없었다. 그는 하나님께 순종했고, 서울로 가는 기차를 타기 위해 황지로 갔다. 그는 황지에서 우리가 참여하고 있는 유우 관리 계획 회의에 참석했는데, 회의 도중에 농부에게 분배해 줄 암소를 한 마리 사 줄 돈이 있다는 보고가 낭독되었다. 그들은 물었다.

"예수원에 암소가 한 마리 있지요?"

"네, 이 사업에 쓸 만한 브렌다라는 송아지가 있습니다."

"그러면 그 송아지를 우리가 사겠습니다. 여기 돈이 있습니다."

그리고 나서 그들은 누가 이번 암소를 분배받을 순서인지 기록을 찾아보았다. 바로 예수원이었다! 암소는 여전히 예수원의 소유로 남게 되었고, 아처는 긴 목록의 물품을 사는 데 필요한 돈을 다 가지고 서울로 갈 수 있었다.

우리는 파송 교회가 물가상승률을 따라가지 못하는 바람에 사역

현장을 떠나 고국으로 돌아가는 선교사들을 보아 왔다. 그러나 우리의 근원 되신 하나님께 물가상승 같은 것은 문제가 되지 않는다. 물가가 10퍼센트 인상될 때마다 하나님은 20퍼센트씩 공급을 늘려 주셨다. 우리가 한 끼도 굶지 않았다는 사실을 생각할 때 나는 경외감을 느낀다. 하루에 세 끼씩, 적게는 50명에서 70명, 때로는 200명까지도 먹을 음식이 있었다. 3년 전에는 단 두 명의 종을 통해 아름다운 새 건물을 지어 주셨다. 그리고 지금은 기숙사를 지어 주고 계신다. 우리는 이 모든 세월을 기적으로 살았다. 이것이 하나님이 광야에 마련해 주신 식탁이다.

나는 우리가 하나님을 의지해야 하는 상황 가운데 있는 것이 좋다고 생각한다. 그럴 때 하나님의 약속이 어김없는 사실이라는 것을 발견하게 되기 때문이다. 우리가 스스로 모든 것을 책임질 수 있다면, 우리를 보호해 주시고 고쳐 주시고 인도해 주시고 모든 진리로 이끌어 주시겠다는 하나님의 말씀이 정말인지 결코 알 길이 없을 것이다.

지금 내 심정은, 밤새도록 그물을 내렸지만 고기 한 마리 잡지 못했다는 이유로 깊은 데 가서 그물을 내리라는 예수님의 명령을 거절하다가 마침내 그물이 찢어지도록 많은 고기를 잡은 베드로(눅 5:4-9) 같다. 모든 사람들이 그것을 보고 놀랐고, 베드로는 예수님의 발 아래 엎드려 말했다.

"나를 떠나소서! 나는 죄인이로소이다!"

나는 지난 세월 동안 하나님이 우리를 위해 행해 오신 수많은 기

적들 앞에 경이감을 느낀다. 이것은 내가 예수원의 이 자리에 있지
않았더라면 결코 보지 못했을 기적이다.

우리는 이 모든 세월을 기적으로 살았다. 이것이 하나님이 광야에 마련해 주신 식탁이다.

예수원 약사(略史)

1965   강원도 황지(현 태백) 하사미에서 대천덕 신부 가족 외 12명과 함께
        성령강림주일 첫 예배를 드린 후, 예수원을 시작하다.
        12월에 예수원 시온 건물 건립을 시작하다.
1972   6인의 장로를 임명함으로써 의회가 이루어지다.
1976   피재 땅을 구입하여 분수령 목장을 시작하다.
1981   수련 지원자들에 대한 정기적인 훈련을 시작하다.
1987   예수원 회보 〈더불어 함께〉를 발행하기 시작하다.
1995   대천덕 신부가 예수원 원장직을 사임하면서 7인 장로 공동 운영
        체제로 바뀌다.
        나사렛 예배당을 준공하다.
1998   7인 장로회와 정회원회의와 의회를 통해 운영되다.
2000   쥬빌리 기숙사를 준공하다.
2002   대천덕 신부 소천(8월 6일) 후 현재인 사모를 예수원 원장으로
        선임하다.
2003   고(故) 대천덕 신부의 장남 벤 토레이 신부가 '삼수령 네 번째
        강' (북한) 사역을 시작하다.
2007   삼수령 목장에 영농법인을 설립하다.
2010   예수원 대안학교인 생명의강 학교를 시작하다.
2012   현재인 사모 소천(4월 5일) 후 벤 토레이 신부를 예수원 대표이사로
        선임하다.
2015   예수원 7주년사 〈더불어 함께〉를 발간하다.
2018   주철주(예레미야) 신부를 예수원 대표이사로 선임하다.

옮긴이 **양혜원**

서울대학교 불문과를 졸업했으며 이화여자대학교 대학원에서 여성학을 수료하고, 2013년 도미하여 클레어몬트 대학원 대학교에서 종교학 석·박사를 취득했다. 한국 라브리선교회 협동간사로 1995년부터 6년간 섬겼으며, 통역과 번역 일을 해왔다. 역서로《이디스 쉐퍼의 라브리 이야기》,《대천덕 자서전: 개척자의 길》,《예수원 이야기: 광야에 마련된 식탁》,《거북한 십대, 거룩한 십대》,《우찌무라 간조 회심기》,《너를 사랑하기 때문에》,《아주 특별한 모자》,《쉐퍼의 편지》(이상 홍성사)가 있으며, 저서로《교회 언니의 페미니즘 수업》,《교회 언니, 여성을 말하다》(이상 비아토르),《유진 피터슨 읽기》(IVP)가 있다.

예수원 이야기
: 광야에 마련된 식탁

Story of Jesus Abbey
: A Table In the Wilderness

지은이 현재인
옮긴이 양혜원
펴낸곳 주식회사 홍성사
펴낸이 정애주

국효숙 김의연 박혜란 손상범
오민택 송민규 임영주 차길환

1999. 1. 18. 초판 1쇄 발행   2012. 4. 12. 초판 13쇄 발행
2019. 9. 30. 2판 1쇄 발행   2024. 9. 19. 2판 2쇄 발행

등록번호 제1-499호 1977. 8. 1.
주소 (04084) 서울시 마포구 양화진4길 3   전화 02) 333-5161   팩스 02) 333-5165
홈페이지 hongsungsa.com   이메일 hsbooks@hongsungsa.com
페이스북 facebook.com/hongsungsa
양화진책방 02) 333-5161

ⓒ 벤 토레이, 1999

ISBN 978-89-365-1384-9 (03230)